육류 · 곡류 · 야채 · 해산물 · 면에 따른

궁합이 맞는 요리

배태자 지음

예신 BOOKS

머리말

사람들은 묻는다. 요리가 즐겁냐고? 나는 '그렇다'라고 언제든지 당당하게 말할 수 있다. 요리를 직업으로 갖기 전에는 그저 살림만 하고 청소만 하는 평범한 주부로 살아왔다. 어떻게 하면 잘 먹고 편하게 살 수 있을까 하는 생각만 하는 아줌마였다. 그러나 지금은 다르다. 어떻게 하면 가족을 위해 맛있고 멋지게 폼나는 요리를 만들 수 있을까를 하는 생각으로 가득찬 주부 겸 요리 선생이 되었다.

요리를 강의하면서 종종 나에게 "요리를 잘 할 수 있도록 길을 열어 준 선생님을 만나게 되어 너무 기뻐요."라고 말해 주는 수험생을 볼 때 보람과 책임감을 느끼며 요리에 대해 더욱더 연구하고 개발해야겠다는 다짐을 해 본다.

요리를 강의하고 요리에 대한 책을 쓰고 있지만 이번 책은 느낌이 다르다. 우리의 식탁에 오르는 음식 하나하나에 신비로운 약효가 있다는 것을 널리 알리고 싶은 것이 나의 바람이다. 쉽게 구할 수 있는 재료들로 집에서도 건강을 지킬 수 있는 보약이 되는 음식들을 모아 보았다.

부부에게도 궁합이 있고, 체질에도 궁합이 있듯이, 음식에도 궁합이 있다. 건강이 우선되기 위해서는 음식의 맛과 영양, 모양이 잘 어우러져야 하는데, 그러기 위해서는 식생활의 음식 궁합이 중요하다. 그래서 육류, 곡류, 야채, 해산물, 면과 함께 먹어서 좋은 음식으로 나누어 요리를 해 보았다. 음식 궁합의 설명과 요리의 Note까지 상세하게 적어 보았다.

어느 날 독자로부터 메일을 받은 적이 있다. 아내가 임신을 해서 《보약으로 먹는 영양죽》을 구입했는데 계량법을 잘 몰라 끓이기가 어렵다는 내용이었다. 그 책에는 임산부의 입덧과 빈혈에 좋은 죽의 내용이 있었기 때문이다. 아름다워 보이는 이들의 가족이 항상 행복했으면 좋겠다는 생각을 해 본다. 그래서 이번에는 초보를 위한 쉬운 계량법을 넣기로 했다. 요리에 있어 기본인 소스와 기본 육수 내는 법, 약이 되는 동의보감 식물과 복용법까지 흥미 있게 나열하였다.

항상 사람들을 바라보면서 마음속으로 '늘 웃을 수 있는 사람이 되었으면 좋겠다'고 기원을 해 본다. 이 책이 모든 가정의 행복과 건강에 도움이 된다면 더할 수 없는 기쁨이자 행복이 될 것이다.

배태자 (bbiggu1204@hanmail.net)

contents

❶ 육류와 함께 먹으면 좋은 음식

함박스테이크 • 14
보 쌈 • 16
삼계탕 • 18
소고기자장볶음과 꽃빵 • 20
닭고기수삼냉채 • 22
소고기편채 • 24
돼지고기표고버섯꼬치 • 26
돼지고기갈비찜 • 28
감자탕 • 30
닭날개케첩조림 • 32

❷ 곡류와 함께 먹으면 좋은 음식

쌀콩떡 • 36
탕평채 • 38
부추된장찌개 • 40
약 식 • 42
청국장찌개 • 44
콩비지찌개 • 46
콩다시마조림 • 48
수정과 • 50
두부미역냉채 • 52
영양솥밥 • 54
두부조림 • 56
마파두부 • 58

❸ 야채와 함께 먹으면 좋은 음식

감자양파볶음 • 62
비빔밥 • 64
가지불고기 • 66
마른새우아욱국 • 68
우거지선지국 • 70
시금치무침 • 72
그린샐러드 • 74
김치고구마밥 • 76
해물누룽지탕 • 78
삼색밀쌈 • 80
브로콜리스프 • 82
부추잡채 • 84

④ 해산물과 함께 먹으면 좋은 음식

- 새우달걀탕 • 88
- 콩나물미더덕찜 • 90
- 북어국 • 92
- 고등어무조림 • 94
- 재첩국 • 96
- 굴꼬치튀김 • 98
- 조개탕 • 100
- 두부미역된장국 • 102
- 새우표고버섯탕수 • 104
- 장어구이 • 106
- 오징어불고기 • 108
- 병어조림 • 110

⑤ 면과 함께 먹으면 좋은 음식

- 콩국수 • 114
- 라면볶기 • 116
- 스파게티 • 118
- 메밀국수 • 120
- 비빔냉면 • 122
- 닭칼국수 • 124

부록 저자가 추천하는 맛깔스러운 음식

- 순대볶음 • 128
- 모듬쌈정식 • 129
- 북어포무침 • 130
- 통오징어간장조림 • 130
- 알 밥 • 132
- 새송이버섯구이 • 133

IMFORMATION
기본 계량법

● **계량스푼**

1큰술은 15cc, 1작은술은 5cc를 말한다. 계량할 때에는 반듯하게 깎아서 한다.

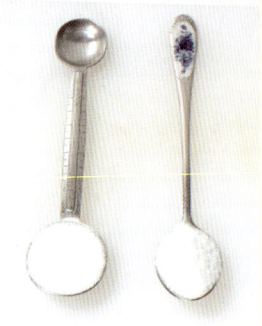
계량스푼 1큰술
= 일반 숟가락 1큰술

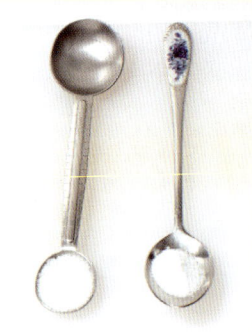
계량스푼 1작은술
= 일반 숟가락 1작은술

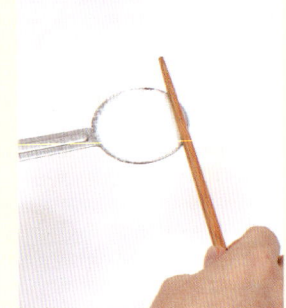
정확하게 계량하는 법
(반듯하게 깎아서 계량)

● **계량컵**

계량컵 1컵은 200cc를 말한다.

계량컵 200cc

유리컵 200cc

● **계량저울**

계량저울을 사용할 때에는 눈금을 항상 0에 맞추어야 한다. 그릇을 올렸을 때는 그릇 무게를 빼고 '0'으로 맞추어 계량한다.

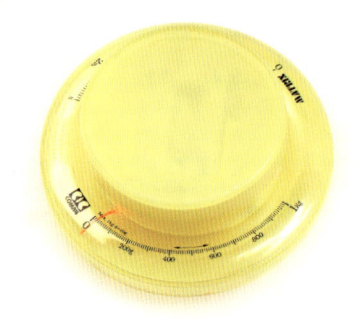
눈금 '0'에 맞추기

그릇 놓고 '0'에 맞추기

기본 소스 및 향신료

굴소스
육류를 재우거나 볶음 요리, 국물 요리에 사용한다.

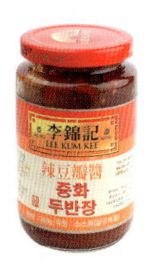

두반장
고추가 들어가는 요리에 양념 대용으로 사용한다.

우스터소스
각종 육류나 생선 등을 부드럽게 하는데 사용한다.

캐러멜 시럽
약식, 제과, 제빵, 불갈비 등에 사용한다.

와사비
생선회, 생선초밥, 생선꼬치, 생선구이 등에 사용한다.

머스터드
겨자씨로 만들어 톡 쏘는 맛이 나며 통닭, 소시지 등에 사용한다.

메이플 시럽
호두파이, 사과파이 등 각종 소스에 물엿 대용으로 사용한다.

겨자
겨자씨로 만들며 해파리냉채, 양장피, 겨자채, 냉면 등에 사용한다.

올리브유
샐러드 드레싱, 튀김, 볶음, 마요네즈 등에 사용한다.

타바스코
아주 매운 고춧가루로 만들어 강한 매운맛을 낼 때 사용한다.

참치액젓
나물 무침, 메밀국수, 우동, 찌개, 매운탕, 미역국 등에 사용한다.

토마토 케첩
볶음 요리나 햄버거, 샐러드 등에 사용한다.

✱ 기본 육수 맛내기 요령

❶ 닭 육수

- 재 료 : 닭고기 1/2마리, 양파 1/2개, 대파 1대, 통후추 1큰술, 물 10컵
- 육수 내기 : 닭은 기름기를 제거하고 깨끗이 씻어 물을 붓고 양파, 대파, 통후추를 함께 넣고 푹 고아서 체에 걸러 사용한다.
- 닭육수로 이용할 수 있는 요리 : 해물누룽지탕, 브로콜리스프, 닭죽, 닭개장, 짬뽕 등

재료 준비하기

닭 육수 끓이기

❷ 장어 육수

- 재 료 : 장어 대가리와 뼈(2마리분), 양파 1/2개, 대파 1대, 통후추 1큰술, 무 1토막, 물 10컵
- 육수 내기 : 장어 대가리와 뼈를 깨끗이 씻어 끓는 물에 데쳐 물은 버리고 다시 물, 장어 대가리와 뼈, 양파, 대파, 통후추, 무를 넣고 30분 정도 고아서 체에 걸러 사용한다.
- 장어 육수로 이용할 수 있는 요리 : 장어구이, 장어탕 등

재료 준비하기

장어 육수 끓이기

❸ 소고기 육수

- 재 료 : 소고기(양지머리) 200g, 대파 1대, 양파 1/2개, 무 1토막, 마른 고추 3개, 생강 1톨, 통후추 1큰술, 물 10컵
- 육수 내기 : 소고기는 찬물에 30분 정도 담가 핏물을 빼고 끓는 물에 한번 데친 후 물은 버리고 다시 물과 소고기, 대파, 양파, 무, 마른 고추, 생강, 통후추를 넣고 푹 고아서 체에 걸러 사용한다.
- 소고기 육수로 이용할 수 있는 요리 : 육개장, 미역국, 우거지국 등

재료 준비하기

소고기 육수 끓이기

④ 멸치 · 다시마 · 표고버섯 국물

- **재 료** : 다시멸치 10마리, 다시마(10×10cm) 2장, 마른 표고버섯 5장, 물 10컵
- **국물 내기** : 멸치는 머리와 내장을 제거하고, 마른 팬에 멸치를 볶다가 물을 붓고 표고버섯과 다시마를 넣고 끓인다.
- **멸치 · 다시마 · 표고버섯 국물로 이용할 수 있는 요리** : 콩나물국, 미역국, 수제비, 칼국수, 된장찌개, 부대찌개 등

재료 준비하기

국물 내기

⑤ 조개 국물

- **재 료** : 바지락 2봉지, 다시마(10×10cm) 1장, 물 10컵
- **국물 내기** : 물, 바지락, 다시마를 함께 넣고 끓이다가 조개의 입이 벌어지면 불을 줄여 잠시 더 끓이다가 면보에 걸러 사용한다.
- **조개 국물로 이용할 수 있는 요리** : 순두부찌개, 미역국, 된장찌개 등

재료 준비하기

국물 내기

⑥ 북어 · 마른 새우 · 다시마 국물

- **재 료** : 북어 1마리, 마른 새우 50g, 다시마(10×10cm) 1장, 물 10컵
- **국물 내기** : 북어는 1시간 정도 물에 불린 후 마른 새우와 다시마를 넣고 국물이 우러나도록 끓인다.
- **북어, 마른 새우, 다시마 국물로 이용할 수 있는 요리** : 미역국, 소고기국, 콩나물국, 북어국 등

재료 준비하기

국물 내기

약이 되는 동의보감 식물 & 복용법

매 실
담석이 생기거나 커지는 것을 예방하고, 어지럽거나 토하고 설사, 복통, 소화불량에 효능이 있다.
복용법 : 매실 진액을 뜨거운 물이나 찬물 1컵에 2큰술 정도 타서 꿀을 섞어 마시면 좋다.

민들레
4~5월에 꽃이 피는데 그 전에 뿌리를 말렸다가 사용한다. 뿌리는 열을 내리고 땀이 나게 하며 위를 튼튼하게 하고 기침, 가래, 천식에 효능이 있다.
복용법 : 민들레 뿌리의 2배 정도 물을 붓고 푹 달여서 먹거나 소주에 민들레 뿌리와 꽃을 넣어 30일 정도 우려내어 마신다.

질경이
평지의 풀밭이나 길가, 빈터 등에서 자라는 여러해살이풀로 잎과 씨는 주로 약재로 쓰이며, 가래에 효능이 있다.
복용법 : 질경이 잎 말린 것 10g에 물 5컵을 붓고 반 정도로 졸아들 때까지 끓여서 마신다. 잎과 뿌리는 나물이나 국거리 또는 쌈으로도 먹는다.

도라지
도라지는 사포닌 성분이 있어 가래를 삭이는 효과가 있다. 기침, 호흡기 질환, 기관지염에도 좋으며, 특히 뿌리 부분이 약재로 많이 쓰인다.
복용법 : 도라지의 어린 잎은 8~9월에 채취해서 나물로 무쳐 먹거나 튀김으로 쓰이며, 물 5컵에 도라지 10g을 넣고 달여 마셔도 좋다.

두 릅
산지에서 많이 자라며 위궤양, 위경련, 신장염, 당뇨병에 좋다. 뿌리와 나무껍질이 약재로 쓰인다.
복용법 : 말린 나무껍질 20g에 물 2컵 반을 붓고 달여서 마신다. 두릅 순은 데쳐서 초고추장에 찍어 먹거나 튀김, 꼬치 등에 많이 쓰인다.

냉이

꽃은 5~6월에 피며, 열매는 털이 없고 자루가 길며 모양은 역삼각형이다. 춘곤증에 좋으며 입맛을 돋우어 준다. 잎에는 비타민 A가 많다. 비장을 튼튼하게 하며 지혈, 이뇨, 해독에 좋고 고혈압, 피로, 당뇨병에도 좋다.
복용법 : 냉이는 데쳐서 된장에 무쳐 먹거나 국으로 끓여 먹으며, 2컵 반의 물에 말린 냉이 20g을 넣어 달여 마시기도 한다.

산수유

3~4월에 잎보다 꽃이 먼저 피며, 열매는 한방 재료로 쓰인다. 노화에서 오는 식은땀, 현기증, 귀울림, 빈뇨증과 혈액순환에 좋으며 피로에도 좋다.
복용법 : 말린 열매 50g에 물 2컵 반을 넣고 달여 마시거나 술을 담가 마시기도 한다.

구기자

고혈압, 저혈압, 동맥경화에 좋은 효과가 있다. 잎이나 열매에는 각종 아미노산과 비타민, 칼륨 등이 많이 함유되어 있다.
복용법 : 유리병에 말린 구기자 10배 정도의 소주를 붓고 2달 후에 걸러서 조금씩 마시거나, 말린 구기자 20g에 물 2컵 반을 부어 달여 마신다.

치자

치자는 골절이나 타박상이 있을 때 소염, 진정 작용이 있으며 위궤양, 위통, 편도선염에도 좋다.
복용법 : 각종 음식의 색을 내는데 사용되며, 물 5컵에 치자 10개 정도를 넣어서 끓여 마시면 편도에 좋다. 감기 초기에 치자물로 양치질을 하면 예방이 된다.

제비꽃

오랑캐꽃, 씨름꽃이라고도 불리며, 꽃은 4~5월에 핀다. 불면증에 좋으며 이뇨, 해독, 소염 작용에 좋다.
복용법 : 봄에 어린 순은 뿌리와 함께 데쳐서 나물로 무쳐 먹거나 잘게 다져 비빔밥에 넣어 먹기도 한다.

::meat

육류와 함께 먹으면 좋은 음식

함박 스테이크 · 보 쌈 · 삼계탕 · 쇠고기 자장 볶음과 꽃빵

닭고기 수삼 냉채 · 쇠고기 편채 · 돼지고기 표고버섯 꼬치

돼지고기 갈비찜 · 감자탕 · 닭날개 케첩 볶음

음식궁합 소고기 + 배
함박스테이크

■ **재료** (4인분)

다진 소고기 200g, 다진 돼지고기 60g, 달걀 노른자 1개, 밀가루 1큰술, 빵가루 3큰술, 배즙 3큰술, 다진 마늘 1작은술, 소금 1작은술, 후추 약간

소스 : 버터 3큰술, 밀가루 3큰술, 양파 1/2개, 당근 1/4개, 셀러리 10g, 토마토페이스트 1큰술, 물 1컵, 케첩 2큰술, 스테이크소스 1큰술, 우스터소스 1큰술, 머스터드소스 1작은술, 바나나즙 1/2컵, 사과즙 1/4컵, 월계수잎 2장, 정향 약간, 핫소스 1작은술, 꿀 1큰술

샐러드용 : 양배추 70g, 적채 50g, 방울토마토 3개, 오이 1/4개

■ 만드는 법

01 양파와 셀러리는 다져서 볶은 뒤 식힌다. 여기에 소고기, 돼지고기, 달걀노른자, 밀가루, 빵가루, 배즙, 마늘, 소금, 후추를 넣어 골고루 섞어준다. 두께 1cm로 동그랗게 만든다.

02 양배추와 적채는 가늘게 채썰고, 방울토마토는 원형, 오이는 반달 모양으로 썰어 마요네즈와 케첩을 3:1 비율로 혼합하여 끼얹는다.

03 팬에 버터 2큰술과 식용유 2큰술을 두르고, 준비된 함박 스테이크를 중불에서 약불 순으로 뚜껑을 덮고 굽는다.

■ 소스 만드는 법

01 냄비에 버터를 녹인 후 밀가루를 넣고 볶아서 그릇에 담아둔다.

02 냄비에 식용유 1큰술을 두르고 마늘 향을 낸 후 채썬 양파, 당근, 셀러리를 넣고 볶다가 토마토페이스트를 넣어 신맛을 제거한다.

03 물과 01을 넣어 풀어주고 케첩, 스테이크소스, 우스터소스, 머스터드소스, 바나나즙, 사과즙, 월계수잎, 정향을 넣어 은근히 졸이다가 체에 내려 핫소스와 꿀을 넣는다.

➕➕ 소고기와 배의 궁합

허약 체질 개선에 좋은 소고기는 병후 회복에 많이 쓰인다. 전분 및 단백질 분해 효소가 들어 있는 배와 함께 사용하면 맛있고 연한 고기를 먹을 수 있다.

| Note

고기의 비율은
소고기와 돼지고기의 비율은 3:1로 하면 퍽퍽하지 않고 부드럽게 먹을 수 있다.

1

2

3

1

2

3

음식궁합 돼지고기 + 새우젓

보 쌈

■ 재 료 (4인분)

돼지고기(아롱사태) 2근, 생강 1톨, 대파 1대, 무 1토막, 통마늘 5쪽, 통후추 1작은술, 배춧속 5장

속재료 : 무 1/2개, 밤 2개, 미나리 50g, 쪽파 10뿌리, 굴 100g, 고춧가루 3큰술, 설탕 2와 1/2큰술, 양파즙 1큰술, 다진 마늘 1큰술, 다진 생강 1작은술, 새우젓 1큰술, 멸치액젓 1과 1/2큰술, 소금 약간

새우젓 양념 : 새우젓 50g, 청양고추 1개, 마늘 2톨, 생강 약간, 꿀 1큰술(믹서한다)

■ **만드는 법**

01 냄비에 물을 넉넉히 붓고 끓으면 돼지고기와 생강, 대파, 무, 통마늘, 통후추를 넣고 삶는다.

02 삶는 도중 간간이 젓가락으로 찔러 더운 김이 들어가 쉽게 익게 한다.

03 무는 굵게 채를 썰어서 뉴슈가와 소금(뉴슈가 1/2작은술, 소금 1큰술)으로 절여서 물기를 꼭 짠다.

04 밤은 편으로, 미나리와 쪽파는 4cm로 썰고, 굴은 소금물에 씻어서 준비한다.

05 무채를 고춧가루 1큰술로 물들이고, 고춧가루, 설탕, 양파즙, 다진 마늘, 다진 생강, 새우젓, 멸치액젓을 넣고, 미나리와 쪽파를 넣고, 마지막에 밤과 굴을 넣는다.

06 보쌈은 썰어서 접시에 담고 새우젓과 보쌈 속을 곁들여 낸다.

➕➕ 돼지고기와 새우젓의 궁합

새우젓과 돼지고기를 함께 먹으면 소화도 잘 되고 고기의 맛도 좋아진다. 돼지고기에 지방 분해 효소가 부족하면 설사가 나게 되는데 새우젓에는 지방 분해 효소인 리파아제라는 성분이 많이 들어 있어 돼지고기의 소화를 돕는데 큰 역할을 한다.

▎Note

아삭아삭한 무채를 만들려면 무는 굵게 채를 썰어 뉴슈가와 소금으로 절여야 하고 절여지면 물에 씻어 물기를 꼭 짜야 한다.

1. 육류와 함께 먹으면 좋은 음식

곡류와 함께 먹으면 좋은 음식

쌀콩떡 · 탕평채 · 부추 된장 찌개 · 약식 · 청국장 찌개

콩비지 찌개 · 콩 다시마 조림 · 수정과

두부 미역 냉채 · 영양 돌솥밥 · 두부 조림 · 마파 두부

음식궁합 쌀 + 콩
쌀콩떡

■ 재 료 (4인분)
멥쌀가루 600g, 소금 1작은술, 물 6큰술, 설탕 6큰술
검정콩 조림: 검정콩 1컵, 설탕 2큰술, 소금 1작은술, 물 적당량

➕➕ 쌀과 콩의 궁합

우리의 주식인 쌀은 녹말이 주성분이며 여러 가지 영양소로 인해 소화 흡수가 빠르다. 콩은 된장, 간장, 두부 등 여러 가지 전통 음식에 이용되고 있으며 '밭에서 나는 고기'라 할 정도로 단백질이 풍부하다. 쌀에는 리신이 적고 메티오닌은 많은 데 비해, 콩에는 리신과 단백질은 많지만 메티오닌이 적으므로 쌀과 콩을 함께 먹으면 단백질의 영양 효과가 높아진다.

▌Note

떡을 맛있게 만들려면
쌀을 충분히 불려야 하며 떡이 찐득거리지 않게 쌀가루를 체에 내려 설탕을 넣는다. 반죽할 때 물의 양이 반드시 6큰술이 아니라 반죽을 손에 쥐었을 때 툭툭 쳐서 부서지지 않을 정도가 적당하다.

■ 만드는 법

01 쌀은 씻어서 10시간 이상 불려 소쿠리에 받쳐 물기를 뺀 후 절구에 곱게 빻는다.

02 검정콩은 3시간 이상 불린다.

03 불린 콩은 냄비에 잠길 정도의 물을 붓고 분량의 설탕과 소금을 넣고 조린다.

04 쌀가루에 소금과 물을 넣고 비벼서 체에 내린다.

05 04에 설탕을 넣고 조린 콩을 넣어 섞어 준다.

06 찜통에 김이 오르면 천을 깔고 05를 안친 뒤 30분간 찐다.

1

2

3

4

5

6

음식궁합 녹두(청포)묵 + 미나리

탕평채

> **재 료** (4인분)
>
> 녹두(청포)묵 1모, 미나리 50g, 소고기 60g, 숙주 50g, 김 1/2장, 달걀 1개, 실고추·소금·참기름 약간씩
>
> **소고기 양념** : 간장 1작은술, 설탕 1작은술, 다진 마늘 1작은술, 다진 파 1작은술, 후추·참기름 약간씩
>
> **초간장** : 간장 1큰술, 식초 1큰술, 설탕 1큰술, 깨소금 1작은술

■ 만드는 법

01 녹두묵은 7cm 길이로 썰어 끓는 물에 살짝 데쳐서 소금과 참기름으로 버무린다.

02 미나리는 5cm 길이로 자르고, 숙주는 머리와 꼬리를 다듬어 끓는 물에 데친다.

03 소고기는 가늘게 채를 썰어 양념한다.

04 김은 가늘게 채를 썰고, 달걀은 흰자와 노른자를 분리하여 지단을 부쳐 5cm 길이로 채를 썬다.

05 녹두묵, 소고기, 숙주, 미나리를 초간장으로 가볍게 버무린다.

06 05를 접시에 담고 황·백 지단과 김, 실고추를 고명으로 올린다.

➕➕ 녹두(청포)묵과 미나리의 궁합

탕평채라는 음식은 조선 중엽 탕평책의 경륜을 펴는 자리에서 청포에 여러 가지 야채를 섞어 무친 음식이라 하여 탕평채라는 이름이 붙었다고 한다. 녹두묵은 녹두의 녹말로 묵을 쑨 것으로 지방은 거의 없고 수분이 70%이며 전분질이 25%로 소화가 잘 되고 맛이 담백하여 다이어트 식품으로도 널리 알려져 있다.

▎Note

녹두묵을 부드럽게 하려면
녹두묵이 부드러울 때는 그냥 요리를 해도 되지만 단단할 때는 끓는 물에 살짝 데쳐서 하면 더욱 맛있다.

1

2

3

4

5

6

음식궁합 부추 + 된장
부추된장찌개

■ 재 료 (4인분)
된장 3큰술, 부추 50g, 양파 1/2개, 호박 1/4개, 감자 1개, 홍고추 1개, 청고추 2개, 두부 1/4모, 쌀뜨물 4컵, 고춧가루 1큰술, 국물용 멸치 10마리

✚✚ 부추와 된장의 궁합
된장은 단백질의 공급원이며 항암 효과가 뛰어나다. 그러나 나트륨이 많이 함유되어 있으며 비타민 A와 C가 부족하다. 이것을 보완해 주는 부추에는 많은 칼륨이 들어 있어 나트륨을 줄여 준다. 부추와 된장을 함께 먹으면 비타민 A와 C가 2배 이상의 항암 효과를 내므로 영양학적으로 서로 잘 어울리는 식품이라 할 수 있다.

▌Note
쌀뜨물은 이렇게
쌀을 씻을 때 첫 번째 씻은 물은 버리고, 두세 번째 씻은 물을 받아서 쓰면 된다.

■ 만드는 법

01 부추는 3cm 길이로 자르고, 양파는 채를 썬다.

02 감자와 호박은 은행잎 썰기를 한다.

03 홍고추와 청고추는 어슷썰기를 하고, 두부는 깍둑썰기를 한다.

04 뚝배기를 달궈서 국물용 멸치를 넣고 볶다가 쌀뜨물을 넣는다. 국물을 끓이다가 멸치는 건져 내고 된장과 감자를 넣는다.

05 한소끔 끓으면 호박, 양파, 홍고추, 청고추, 두부를 넣는다.

06 된장찌개가 거의 다 끓으면 부추와 고춧가루를 넣고 마무리한다.

1

2

3

4

5

6

 찹쌀 + 대추

약식

■ 재 료 (4인분)
불린 찹쌀 5컵, 대추·밤 15개씩, 잣 5큰술
양념 소스 : 간장 2큰술, 황설탕 6큰술, 참기름 3큰술, 꿀 1큰술, 계핏가루 1작은술, 대추시럽 3큰술
캐러멜 시럽 : 흑설탕 2큰술, 물 1큰술, 물엿 1큰술

■ 만드는 법

01 찹쌀은 10시간 이상 물에 불려 체에 걸러 물기를 제거한 뒤 찜솥에 1시간 정도 찐다.

02 밤은 껍질을 벗겨 4등분으로 잘라 설탕(1큰술), 소금(1/2작은술), 물(1/2컵)을 넣고 10분간 살짝 조린다.

03 대추는 돌려깎아 2등분하고, 대추씨는 물을 약간만 붓고 조려서 체에 걸러 대추 시럽을 만든다.

04 흑설탕에 물을 넣고 끓이다가 물엿을 넣어 캐러멜 시럽을 만든다.

05 01에 캐러멜 시럽, 간장, 황설탕, 참기름, 꿀, 계핏가루, 대추 시럽을 넣고 대추, 밤, 잣을 고루 섞어 다시 찜솥에 30분간 찐다.

06 다시 볼에 부어 참기름 2큰술을 넣고 섞은 다음 모양을 낸다.

➕ 찹쌀과 대추의 궁합
찹쌀의 주성분은 녹말로 소화 흡수가 뛰어나다. 단백질이 함유되어 있으며 비타민 B₁, B₂도 많이 들어 있다. 그러나 칼슘, 철분, 섬유질의 함량이 적어 대추가 이를 보충해 줄 수 있다. 기침을 멈추게 하고 약한 내장을 보호해 주며, 변비 예방과 식욕을 돋우어 준다. 대추가 듬뿍 들어 있는 약식은 별미로 손꼽힌다.

▌Note
약식의 색을 내려면
캐러멜 시럽을 만들어 사용해도 되고, 시판용 캐러멜 시럽을 구입해서 사용해도 된다. 캐러멜 시럽은 1큰술이 적당하다.

1

2

3

4

5

6

음식궁합 청국장 + 신김치
청국장 찌개

■ 재 료 (4인분)

청국장 4큰술, 신김치 50g, 돼지고기 50g, 두부 1/4모, 호박 50g, 대파 1대, 청고추 2개, 다진 마늘 1큰술, 고춧가루 1작은술, 멸치국물 3컵(국물용 멸치 10마리)

✚✚ 청국장과 신김치의 궁합

청국장에는 섬유질이 많아 정장 효과가 뛰어나 변비와 대장암을 예방하며, 콜레스테롤의 수치를 낮추어 준다. 또한 지방으로 축적되는 것을 예방하여 비만을 막아 준다. 평소에 꾸준히 먹으면 뇌졸중에 효과적이다. 피부 미용에 좋으며 숙취 해소에도 탁월하다. 청국장의 감칠맛에 유기산이 많은 신김치를 넣으면 맛이 상큼하고, 배추의 섬유질이 정장 효과가 있어 함께 먹으면 좋다.

▍Note

멸치국물은 이렇게
멸치는 대가리와 내장을 제거하고 냄비를 달궈서 볶다가 물을 부어 끓이면 멸치의 비린 맛이 나지 않아 깔끔한 맛을 즐길 수 있다.

■ 만드는 법

01 뚝배기를 달궈서 국물용 멸치를 넣고 볶다가 물을 부어 멸치국물을 준비한다.

02 신김치는 송송 썰고, 돼지고기는 찌개용으로 썬다.

03 두부는 납작하게 썰고, 호박은 반달로 썬다.

04 대파와 청고추는 어슷하게 썬다.

05 뚝배기에 신김치와 돼지고기를 넣고 볶다가 멸치국물을 붓고 청국장을 풀어 끓인다.

06 한소끔 끓으면 두부, 호박, 대파, 청고추, 다진 마늘, 고춧가루를 넣고 끓인다.

1

2

3

4

5

6

음식궁합 콩비지 + 돼지고기
콩비지 찌개

■ **재 료** (4인분)

콩비지 100g, 돼지갈비 200g, 배추김치 50g, 대파 1대, 물 2컵, 소금 약간
양념장: 간장 4큰술, 고춧가루 1큰술, 깨소금·다진 마늘 1큰술씩, 송송 썬 실파 1큰술, 다진 청·홍고추 1큰술씩, 참기름 1큰술
돼지고기 양념: 간장 1큰술, 다진 마늘 1큰술, 다진 파 1큰술, 다진 생강 1작은술, 설탕 1작은술, 참기름 1작은술

■ **만드는 법**

01 돼지갈비는 적당한 크기로 잘라 칼집을 넣는다.

02 칼집 넣은 돼지갈비를 양념에 재운다.

03 김치는 송송 썰고, 대파는 어슷하게 썬다.

04 달궈진 냄비에 돼지갈비와 김치를 넣고 볶다가 물을 부어 끓인다.

05 04에 콩비지를 넣고 끓인다.

06 찌개가 거의 완성되면 대파를 넣고 마무리하여 양념장을 곁들인다.

콩비지와 돼지고기의 궁합

콩에는 단백질과 지방이 풍부하고 비타민 B₁과 A, B도 많이 함유되어 있다. 날 것으로 먹으면 소화가 잘 안되므로 익혀 먹어야 한다. 콩비지는 콜레스테롤을 제거하여 혈관을 깨끗하게 해 주고, 레시틴은 동맥경화의 예방에 뛰어나다. 콩비지와 돼지고기는 서로 잘 어울리는 식품이다.

Note

끓일 때 주의할 점은
콩비지찌개를 끓일 때 너무 많이 저으면 콩이 삭아 맛이 없으므로 주의해야 한다.

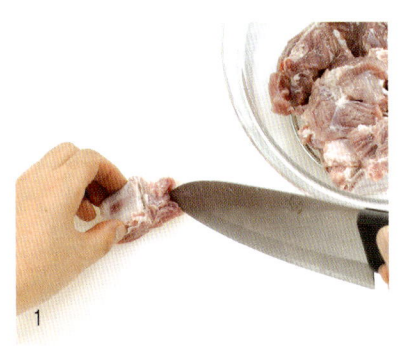
1

2

3

4

5

6

음식궁합 콩 + 다시마

콩다시마조림

■ **재 료** (4인분)

흰콩 1컵, 당근 50g, 다시마(10×10cm) 2장, 통깨 1큰술

조림장 : 다시마 우린 물 1/2컵, 간장 3큰술, 설탕 1큰술, 물엿 2큰술, 청주 1큰술, 생강즙 1작은술

■ 만드는 법

01 흰콩은 10시간 이상 물에 충분히 불린다.

02 불린 콩은 껍질을 제거한다.

03 당근은 콩 크기로 잘라 끓는 물에 데친다.

04 다시마는 젖은 면보로 닦아 물에 불린 후 2cm 크기로 자르고, 다시마 우린 물은 준비해 둔다.

05 냄비에 다시마 우린 물, 간장, 설탕, 물엿, 청주, 생강즙을 넣고 끓으면 콩과 다시마, 당근을 넣어 조린다.

06 국물이 자작하게 남도록 조린 후 통깨를 뿌려 마무리한다.

✚✚ 콩과 다시마의 궁합

콩의 주성분은 단백질, 탄수화물, 지질로 칼슘, 인, 철, 칼륨이 다량 함유되어 있다. 콩은 뛰어난 항암 효과를 갖고 있어 오랫동안 섭취하면 성인병 예방에도 좋다. 콩은 항암 효과와 과산화 지질을 막아 주지만 몸 속에 들어가면 요오드를 몸 밖으로 내보내므로 요오드의 균형을 위해 다시마를 함께 먹으면 좋은 음식 궁합이 된다.

▌Note

다시마와 어울리는 견과류는 땅콩, 검은콩, 호두, 건포도, 은행 등을 같은 방법으로 조리면 아주 훌륭한 밥반찬으로 손색이 없다.

2. 곡류와 함께 먹으면 좋은 음식

음식궁합 수정과 + 잣
수정과

■ **재 료** (4인분)

곶감 3개, 호두 3개, 통계피 20g, 생강 30g, 물 10컵, 흑설탕 1/4컵, 흰설탕 1/4컵, 잣 1큰술

➕➕ 수정과와 잣의 궁합

감은 배탈과 설사를 멎게 해 주는 것으로 알려져 왔다. 또한 지혈 작용이 있어 피를 토하는 사람에게 효과가 있다. 타닌은 지혈뿐만 아니라 모세혈관을 튼튼하게 하여 순환기계 질환이 약한 고혈압 환자에게도 좋다.

잣은 기운을 나게 하고 식욕을 얻게 해 주며 자양강장제로도 널리 알려져 있다. 피부를 윤택하게 하고 혈압을 내리게 하며 스태미너 음식이라 할 수 있다. 수정과에 잣을 띄우는 이유는 곶감으로 인한 변비를 예방하기 위해서이다.

▌Note
수정과는 달아야 제맛
수정과는 달아야 맛이 있다. 취향에 따라 설탕량은 조절할 수 있다.

■ **만드는 법**

01 곶감은 꼭지를 떼어내고 깨끗이 닦아서 씨를 제거한다.

02 곶감에 호두를 넣고 편으로 썬다.

03 생강은 껍질을 벗겨 얇게 썬다.

04 생강과 통계피, 물을 넣고 은근히 끓인다.

05 04를 체에 걸러 설탕을 넣고 녹여서 식힌다.

06 냉장고에 넣어 시원해지면 그릇에 담고, 곶감과 잣을 띄워 낸다.

1

2

3

5

6

음식궁합 두부 + 미역
두부 미역 냉채

> **■ 재 료** (4인분)
> 두부 1모, 마른 미역 50g, 양상추 50g, 오이 1/2개, 방울토마토 1개, 홍고추 1개
> **냉채 소스 :** 올리브유 3큰술, 식초 3큰술, 레몬즙 3큰술, 설탕 2큰술, 다진 마늘 1큰술, 소금·후추 약간씩

■ 만드는 법

01 두부의 가장자리는 잘라내고, 2등분해서 끓는 물에 데친다.

02 마른 미역은 물에 불려서 가늘게 채를 썬다.

03 양상추는 가늘게 채를 썰어 얼음물에 담갔다가 물기를 제거한다.

04 오이는 돌려깎아 채를 썰어 단촛물에 절인다.

05 방울토마토는 반으로 썰고, 홍고추는 씨를 제거하여 가늘게 채를 썬다.

06 중앙에 두부를 놓고 미역, 양상추, 오이, 홍고추, 방울토마토 순으로 올리고 냉채 소스를 끼얹는다.

> **➕ 두부와 미역의 궁합**
> 콩 속에는 사포닌이 들어 있는데 지나치게 섭취하면 요오드가 빠져나가는 단점이 있다. 요오드는 갑상선 호르몬을 구성하는 중요한 성분으로, 부족하면 바세도씨병에 걸릴 수도 있다. 두부 요리는 요오드가 풍부한 미역을 같이 먹으면 칼슘 함양이 뛰어나 비만에 효과가 있으며, 다이어트에도 매우 좋다.
>
> **▍Note**
> 오이 절이는 단촛물이란
> 식초와 설탕을 동량으로 하고, 소금은 약간만 첨부하여 오이를 절이는 것을 단촛물이라 한다. 오이를 단촛물에 절이면 아삭한 맛을 느낄 수 있다.

1

2

3

4

5

6

음식궁합 찹쌀 + 대추

영양솥밥

■ 재료 (4인분)
불린 찹쌀 1컵, 불린 쌀 1컵, 멸치국물 2와 1/2컵, 대추 4개, 밤 4개, 수삼 1뿌리, 표고버섯 4장, 당근 1/3개, 우엉 30g, 식용유 1큰술, 간장 1큰술, 청주 1큰술
양념장 : 간장 4큰술, 고춧가루 1큰술, 국간장 1큰술, 멸치국물 1큰술, 다진 파 1작은술, 다진 마늘 1작은술, 참기름 1작은술, 통깨 약간

■ **만드는 법**

01 찹쌀과 쌀은 물에 불린 후 체에 걸러 물기를 제거한다.

02 대추는 돌려깎기를 하고, 밤은 작게 자르고, 수삼은 편으로 썬다.

03 표고버섯, 당근, 우엉은 깍둑썰기하고, 우엉만 끓는 물에 데친다.

04 은행은 끓는 물에 넣고 비벼 껍질을 제거한다.

05 분량의 양념장을 준비한다.

06 솥에 식용유 1큰술을 두르고 밤, 표고버섯, 당근, 우엉을 넣고 볶다가 쌀과 멸치국물, 간장, 청주를 넣어 밥을 짓고 뜸이 들면 은행, 대추, 수삼을 넣는다.

➕ 찹쌀과 대추의 궁합

쌀에는 멥쌀과 찹쌀이 있는데 찹쌀은 칼로리가 높고 소화가 잘 되어 미숫가루, 떡, 찰밥 등으로 즐겨 먹는다. 찹쌀은 익혔을 때 씹히는 맛이 좋지만 멥쌀에 비해 지방이 적고 칼슘, 철분, 섬유질의 함량이 적다. 이것을 보완해 주는 식품이 대추, 잣, 참기름이라 할 수 있다.

❙ Note

우엉을 데치는 이유는
밥을 지었을 때 생으로 하면 익지 않아 딱딱할 수 있으므로 데쳐서 사용하면 부드러워 맛있는 밥을 먹을 수 있다.

2. 곡류와 함께 먹으면 좋은 음식

음식궁합 두부 + 깨소금
두부조림

■ **재 료** (4인분)

두부 1모, 청경채 50g, 실파 2뿌리, 실고추 약간, 녹말가루 5큰술, 소금·후추 약간씩
조림장 : 간장 3큰술, 설탕 1큰술, 물엿 1큰술, 맛술 1큰술, 다진 마늘 1작은술, 다진 파 1작은술, 물 5큰술, 참기름 1큰술, 깨소금 1큰술

■ **만드는 법**

01 두부는 납작하게 썰어 소금으로 밑간을 한다.

02 두부는 녹말가루를 묻혀 프라이팬에 식용유를 두르고 지진다.

03 청경채는 끓는 물에 소금을 넣고 데쳐 찬물에 헹군다.

04 조림장을 준비하고, 실파와 실고추를 고명으로 준비한다.

05 냄비에 지진 두부를 넣고 양념장을 위에 얹은 후 조리다가 청경채를 넣고 잠깐 더 윤기나게 조린다.

06 실파와 실고추를 고명으로 올리고 마무리한다.

두부와 깨소금의 궁합

현대인은 스트레스로 인해 많은 사람들이 변비로 고생하고 있다. 변비 예방을 위해 소화가 잘 되는 식품을 섭취해야 하므로 가열해서 부드럽게 한 음식을 주로 먹거나 두부, 깨소금, 찐호박 등을 먹으면 좋다. 두부는 소화가 잘 되고 아미노산, 철분 등 무기질이 다량 함유되어 있는 단백질 식품으로 맛도 좋고 영양도 좋다. 깨소금도 장을 편하게 해 주므로 두부와 깨소금은 서로 잘 맞는 음식이다.

Note

두부조림을 윤기나게 하려면
식성에 따라 더욱 윤기나게 하려면 마무리할 때 참기름 1큰술을 넣으면 윤기도 나고 담백한 맛도 있다.

1

2

3

4

5

6

음식궁합 두부 + 두반장
마파두부

■ **재 료** (4인분)

두부 1모, 다진 돼지고기 50g, 대파 1대, 마늘 2쪽, 생강 1톨, 청고추 1개, 홍고추 1개
소스 : 고추기름 2큰술, 물 1과 1/2컵, 두반장 1큰술, 설탕 1큰술, 간장 1작은술, 물 녹말 2큰술, 참기름 1큰술

■ 만드는 법

01 두부는 사방 1cm로 잘라 끓는 물에 소금을 넣고 데쳐서 찬물에 씻어 물기를 제거한다.

02 대파, 마늘, 생강, 청고추, 홍고추는 0.5cm의 크기로 다진다.

03 프라이팬에 고추기름을 두르고 파, 마늘, 생강으로 향을 낸 후 돼지고기를 볶는다.

04 돼지고기가 익으면 물을 붓고 끓인다.

05 물이 끓으면 두반장, 설탕, 간장, 두부, 다진 청·홍고추를 넣고 물 녹말을 넣어 농도를 맞춘다.

06 완성되면 참기름으로 마무리한다.

➕➕ **두부와 두반장의 궁합**

콩에는 레시틴이라는 성분이 많은데 이것은 뇌의 노화를 방지한다. 이 성분이 부족할 때는 치매의 원인이 되기도 한다. 콩단백질을 많이 섭취하면 몸에 좋은 콜레스테롤 HDL은 증가시키고, 나쁜 콜레스테롤 LDL은 감소시킬 수 있다. 두부에 콩을 발효시켜 만든 두반장을 첨가하면 두부의 맛을 더욱 감칠나게 하므로 빠져서는 안되는 궁합이다.

Note

고추기름 만드는 법은 P27 돼지고기표고버섯꼬치를 참조한다. 두부를 데칠 때 소금을 넣고 데쳐야 두부가 단단해져서 깨지지 않는다. 두반장이 없을 때는 고추장으로 대신해도 좋다.

1

2

3

4

5

6

2. 곡류와 함께 먹으면 좋은 음식

:: vegetable

야채와 함께 먹으면 좋은 음식

감자 양파 볶음 · 비빔밥 · 가지 불고기 · 마른 새우 아욱국

우거지 선지국 · 시금치 무침 · 그린 샐러드 · 김치 고구마밥

해물 누룽지탕 · 삼색 밀쌈 · 브로콜리 스프 · 부추 잡채

음식궁합 감자 + 양파
감자 양파 볶음

> **■ 재 료** (4인분)
> 감자 2개, 당근 1/4개, 양파 1/2개, 소금 1작은술, 깨소금 1큰술, 식용유 적당량

╬ 감자와 양파의 궁합

양파는 알칼리성 식품으로 마그네슘, 철분, 칼륨 등이 많이 함유되어 있으며 비타민C와 비타민B가 골고루 들어 있다. 양파는 유황과 당분이 주성분이다. 양파의 매운맛은 강한 항균 작용을 하며 비타민B₁의 흡수를 도와 준다. 감자와 양파는 식욕을 증진시키므로 함께 먹으면 잘 어울리는 한 쌍이라고 할 수 있다.

▌Note

감자가 붙지 않도록 하려면
감자는 채를 썰어서 물에 담가 전분질을 빼야만 볶을 때 붙지 않아 깔끔하고 담백하게 먹을 수 있다.

■ 만드는 법

01 감자는 가늘게 채를 썰어서 물에 담가 전분질을 제거한다.

02 당근과 양파도 일정한 굵기로 채를 썰어 준비한다.

03 프라이팬에 식용유를 두르고 감자와 당근을 먼저 볶는다.

04 감자와 당근이 반 정도 익으면 양파를 넣어 함께 볶는다.

05 감자, 당근, 양파가 거의 다 익으면 소금으로 간을 한다.

06 불을 끄고 깨소금으로 마무리한다.

3. 야채와 함께 먹으면 좋은 음식

음식궁합 비빔밥 + 약고추장

비빔밥

■ **재 료** (4인분)

불린 쌀 3컵, 애호박 100g, 도라지 4뿌리, 고사리 100g, 소고기(홍두깨살) 100g, 달걀 2개, 식용유 적당량

소고기 양념 : 간장 1큰술, 다진 파 1작은술, 다진 마늘 1작은술, 설탕 1작은술, 후추 약간, 참기름 1작은술

■ 만드는 법

01 쌀은 불려서 체에 받쳐 물기를 빼고 쌀과 물을 1:1.2 비율로 하여 센 불에 올려 밥이 끓으면 약한 불로 뜸을 들여 고슬고슬하게 밥을 짓는다.

02 애호박은 돌려깎기하여 소금에 절여 찬물에 헹구어 물기를 제거하고, 프라이팬에 식용유를 두르고 살짝 볶는다.

03 도라지는 가늘게 채를 썰어 소금에 문질러 씻은 후 식용유를 두르고 볶는다.

04 고사리는 질긴 부분을 제거하고 간장 1큰술과 참기름 1큰술로 밑간하고, 볶을 때 물 3큰술을 넣어 볶는다.

05 소고기는 곱게 채를 썰어 소고기 양념으로 밑간하여 볶는다.

06 달걀은 흰자와 노른자를 분리하여 소금으로 간한 다음 지단을 부쳐 5cm 길이로 가늘게 채를 썰고, 그릇에 밥을 담아 준비한 재료들을 가지런히 담는다.

➕➕ **비빔밥과 약고추장의 궁합**

비빔밥은 제사 음식에서 유래되었으며 제삿상에 올린 여러 가지 나물을 함께 섞어 식구들이 나누어 먹었다. 비빔밥과 함께 꼭 필요한 약고추장은 비빔밥의 재료들이 잘 어우러지게 버무려 주는 역할을 하며 맛과 영양가도 높다.

▌Note

약고추장 만드는 법
1. 다진 소고기(간장 1작은술, 다진 파 1작은술, 다진 마늘 1작은술, 설탕 1작은술, 후추·참기름 약간으로 밑간한다.)
2. 밑간한 소고기는 프라이팬에서 센 불로 볶다가 고추장 1컵, 배즙 3큰술, 물 4큰술을 넣고 졸이다가 꿀 1큰술, 통잣 1큰술로 마무리한다.

3. 야채와 함께 먹으면 좋은 음식

음식궁합 가지 + 기름

가지 불고기

■ **재 료** (4인분)

가지 2개, 실파 2뿌리, 식용유 적당량
불고기 양념 : 고추장 1큰술, 간장 1큰술, 다진 파 1큰술, 다진 마늘 1큰술, 물엿 1큰술, 참기름 2작은술, 깨소금 1작은술

✚✚ 가지와 기름의 궁합

가지는 적갈색과 자주색을 띠는 색소를 지니고 있으며, 성인병의 주범인 콜레스테롤을 낮추고, 동맥경화와 순환기 계통의 질병을 예방하는데 효과가 있다. 가지 무침이나 볶음을 할 때 넣는 기름은 음식의 맛을 더욱더 높여 주며, 열량 공급을 쉽게 한다. 가지는 기름의 소화 흡수를 향상시키는 데 효과가 있다.

Note
가지의 물 생김 방지는
가지는 불고기 양념을 발라 바로 구워야 물이 생기지 않는다. 양념에 재워 시간이 지나면 물이 생겨 싱거워진다.

■ **만드는 법**

01 가지는 꼭지를 따고, 길이로 도톰하게 썬다.

02 분량의 불고기 양념을 만든다.

03 실파는 송송 썰어 준비한다.

04 썰어 놓은 가지에 불고기 양념을 골고루 바른다.

05 프라이팬에 기름을 두르고 중간 불에서 노릇노릇하게 지진다.

06 접시에 가지불고기를 담고 송송 썬 실파를 살짝 올린다.

3. 야채와 함께 먹으면 좋은 음식

음식궁합 새우 + 아욱

마른새우아욱국

■ 재 료 (4인분)
아욱 300g, 마른 새우 50g, 된장 2큰술, 소금 적당량, 청·홍고추 2개씩, 다진 마늘 2큰술

멸치·다시마 국물 : 물 10컵, 국물용 멸치 10마리, 다시마(10×10cm) 1장

➕ 새우와 아욱의 궁합
아욱에는 칼슘과 무기질이 많고 새우에는 글리신이라는 아미노산과 베타인이 있어 맛을 더해 준다. 새우에 부족한 비타민A와 비타민C가 아욱에 많이 들어 있으므로 함께 먹으면 영양소를 서로 보충해 준다. 산성인 새우와 알칼리성인 아욱은 궁합이 잘 맞는다고 할 수 있다.

Note
아욱의 풋내를 제거하려면 아욱은 손질해서 소쿠리에 박박 문질러야 풋내가 나지 않고 끓일 때 푸른 물이 나오지 않는다.

■ 만드는 법

01 냄비를 달궈 멸치를 볶다가 물과 다시마를 넣고 끓여 국물을 준비한다.

02 아욱은 소쿠리에 문질러 초록색 물과 풋내를 뺀 다음 씻어서 준비한다.

03 청·홍고추는 곱게 다진다.

04 다시 국물에 된장을 체에 걸러 푼다.

05 다시 국물이 끓으면 아욱과 새우를 넣고 끓인다.

06 아욱이 푹 끓여지면 다진 마늘을 넣고 나머지 간은 소금으로 하고, 그릇에 담아 다진 청·홍고추를 넣어 먹는다.

1

2

3

4

5

6

음식궁합 우거지 + 선지

우거지 선지국

> **■ 재 료** (4인분)
> 잡뼈 1kg(대파 1대, 청양고추 3개, 양파 1개, 생강 1톨), 선지 400g, 콩나물 200g, 우거지 200g, 대파 2대
> **다대기** : 다진 마늘 1큰술, 고춧가루 2큰술, 다진 생강 1작은술, 소금 1큰술, 후추 약간

■ 만드는 법

01 잡뼈는 찬물에서 한번 살짝 끓인 후 물을 버리고 다시 물을 붓고 대파, 마늘, 생강, 청양고추를 넣고 은근히 2시간 가량 끓인다.

02 선지는 끓는 물에 한 수저씩 떠서 데친 후 체에 밭쳐 놓는다.

03 다대기를 준비하고, 콩나물은 머리와 꼬리를 제거한다.

04 우거지는 끓는 물에 데쳐 찬물에 헹구어 물기를 제거한 후 다대기로 양념하고, 대파는 반 갈라 5cm로 자른다.

05 잡뼈 육수 10컵에 양념한 우거지와 콩나물을 넣는다.

06 맛이 어우러지면 선지를 넣고, 마지막에 대파를 넣어 마무리한다.

➕➕ 우거지와 선지의 궁합

우거지는 비타민과 무기질, 섬유소가 풍부하고, 선지는 고단백질이며 철분의 함량이 많아 영양가가 매우 높다. 자칫 선지에 부족할 수 있는 식이성 섬유가 우거지와 만나면 많아지기 때문에 궁합이 잘 맞는다.

▌Note

선지를 이렇게도 해 보세요
선지를 스테인리스 그릇에 담아 뜨거운 물에 담가 중탕한 후 선지국 끓일 때 한 수저씩 떼어 넣어도 된다.

1

2

3

4

5

6

음식궁합 시금치 + 참깨

시금치 무침

■ **재 료** (4인분)

시금치 300g
무침 양념 : 된장 1큰술, 고추장 1작은술, 다진 파 1작은술, 다진 마늘 1작은술, 깨소금 1큰술, 참기름 1큰술

✚✚ 시금치와 참깨의 궁합

시금치에는 칼슘, 요오드, 철분과 각종 비타민이 풍부하여 성장기 어린이에게 좋은 음식이다. 시금치에 부족한 칼슘을 보완하고자 칼슘이 풍부한 깨를 함께 먹으면 맛도 좋고 영양의 조화가 잘 이루어지기 때문에 이상적인 궁합이라 할 수 있다.

Note

시금치의 데치는 요령은
냄비의 물이 팔팔 끓으면 소금을 넣고 냄비 뚜껑을 연채로 10초 정도 재빨리 데쳐야 영양 손실도 적도 파랗게 데칠 수 있다.

■ **만드는 법**

01 시금치를 깨끗하게 손질한다.

02 손질한 시금치는 깨끗이 씻는다.

03 끓는 물에 소금을 넣고 파랗게 데쳐서 찬물에 헹구어 물기를 제거한다.

04 분량의 무침 양념을 준비한다.

05 데친 시금치를 무침 양념으로 조물조물 무친다.

06 그릇에 맛깔스럽게 담아낸다.

1

2

3

4

5

6

음식궁합 샐러드 + 양파
그린샐러드

■ **재 료** (4인분)

양상추·파프리카 20g씩, 양파 1/2개, 팽이버섯 1봉지, 브로콜리 50g, 방울토마토 5개

올리브 드레싱 : 올리브유 3큰술, 식초 3큰술, 설탕 4큰술, 양파 1/2개, 키위 1개, 파인애플링 2개, 연와사비 1작은술, 소금 약간

■ **만드는 법**

01 양상추는 한입 크기로 자르고, 파프리카와 양파는 사방 1cm로 자른다.

02 양파는 매운맛을 제거하기 위해 찬물에 담가둔다.

03 팽이버섯은 밑동을 잘라내고 먹기 좋게 떼어 놓는다.

04 브로콜리는 깨끗이 씻어 끓는 물에 소금과 식용유를 넣고 데친다.

05 방울토마토는 4등분한다.

06 양상추에 위의 재료들을 고루 올려 담고, 재료들을 서로 믹서한 올리브 드레싱을 뿌린다.

✚✚ 샐러드와 양파의 궁합

양파에는 독특한 향이 있는데 이것은 알리나아제라는 효소가 작용해서 알린을 알리신으로 변화시키는 것을 말한다. 알리신은 장내 세균에도 파괴되지 않고 흡수가 잘되어 활성 지속성 비타민 B₁이라고도 한다. 샐러드에 양파를 함께 넣으면 양상추가 가지고 있는 비타민 B₁의 흡수를 촉진시킨다. 비타민 B₁은 당질을 분해해서 에너지를 만드는 데 중요한 역할을 한다.

▌**Note**

브로콜리를 윤기나게 데치려면 브로콜리는 가닥가닥 떼어서 깨끗이 씻은 후 끓는 물에 소금과 식용유를 넣고 10초 정도 데쳐 찬물에 헹구지 않고 차게 식혀야 윤기를 유지할 수 있다.

3. 야채와 함께 먹으면 좋은 음식

음식궁합 김치 + 고구마

김치 고구마밥

■ 재료 (4인분)
불린 쌀 3컵, 물 3과 2/3컵, 고구마 2개, 김치 100g
김치 볶음 양념 : 들기름 1큰술, 설탕 1큰술, 다진 마늘 1작은술, 깨소금 1작은술
간장 양념 : 간장 3큰술, 국간장 1큰술, 고춧가루 2큰술, 다진 마늘 1작은술, 통깨 1큰술, 송송 썬 실파 1큰술, 참기름 1큰술

■ 만드는 법

01 쌀은 물에 불려서 체에 밭쳐 물기를 제거한다.

02 고구마는 1cm로 깍둑썰기를 한다.

03 김치는 송송 썰어서 프라이팬에 들기름을 두르고 볶다가 설탕과 다진 마늘을 넣고 볶은 뒤 깨소금으로 마무리한다.

04 분량의 간장 양념을 준비한다.

05 냄비에 불린 쌀을 넣고 고구마와 볶은 김치를 올리고 물을 붓는다.

06 끓기 시작하면 약한 불로 줄여 뜸을 들여가며 고슬고슬하게 밥을 짓는다.

✚✚ 김치와 고구마의 궁합
김치에는 당질이나 비타민이 함유되어 있어 각종 비타민군이 풍부하다. 칼슘과 무기질이 많은 알칼리성 식품으로, 소화 촉진, 대장암, 동맥경화, 빈혈 등을 예방한다. 고구마는 단맛과 전분이 많아 영양이 높고 혈액 생성을 돕는 작용을 한다. 소화에 어려움이 있을 때 김치와 함께 먹으면 소화에 도움이 된다.

▌Note
밥을 맛있게 짓는 물의 분량은
- 초밥 : 쌀과 물의 분량 = 1 : 1 동량
- 흰밥 : 쌀과 물의 분량 = 1 : 1.2배
- 죽 : 쌀과 물의 분량 = 1 : 6~7배

3. 야채와 함께 먹으면 좋은 음식

음식궁합 죽순 + 쌀뜨물
해물누룽지탕

■ 재 료 (4인분)
찹쌀누룽지 5개, 죽순 1/2개, 새우 4마리, 오징어 1/2마리, 불린 해삼 1/2마리, 소라 50g, 청경채 50g, 식용유 적당량
누룽지탕 소스 : 닭 육수 2컵(p80 참조), 다진 파 1작은술, 다진 마늘 1작은술, 간장 1큰술, 청주 1큰술, 굴소스 1큰술, 물녹말 2큰술, 참기름 1큰술

■ 만드는 법

01 죽순은 편으로 썰어서 쌀뜨물에 담가 잡냄새를 없애고, 새우는 이쑤시개로 등쪽의 내장을 제거한다.

02 오징어는 껍질을 벗겨 칼집을 넣고, 해삼은 편으로 썬다.

03 소라는 편으로 썰고, 청경채는 5cm 길이로 자른다.

04 프라이팬에 식용유 1큰술을 두르고 다진 파와 다진 마늘로 향을 낸 후 간장과 청주를 넣고 해물과 죽순을 볶는다.

05 닭 육수를 붓고 굴소스를 넣고 끓이다가 청경채를 넣는다. 물 녹말로 농도를 맞춘 후 참기름으로 마무리한다.

06 누룽지는 기름 190℃에서 재빨리 튀겨 접시에 담고 소스를 끼얹어 낸다.

╋╋ 죽순과 쌀뜨물의 궁합
죽순에서 느끼는 감칠맛의 성분은 아스파라긴산, 티록신, 글루탐산 등으로 아미노산의 복합체라 할 수 있다. 이 성분은 시간이 지남에 따라 불쾌한 잡냄새가 나므로 쌀뜨물에 담가 질겨지고 맛이 없어지는 것을 예방한다. 죽순은 칼로리가 적어 비만과 당뇨병에 좋은 식품이다.

▌Note
누룽지를 더욱 바삭하게 먹으려면 누룽지는 기름 온도 190℃에서 빨리 튀겨낸다. 누룽지가 뜨거울 때 소스를 부어야 지지직 소리와 함께 맛있게 먹을 수 있다.

1

2

3

4

5

6

음식궁합 당근 + 식용유

삼색 밀쌈

재 료 (4인분)
오이 1개, 당근 100g, 숙주 100g, 소고기 100g, 표고버섯 5장, 달걀 3개, 식용유 적당량
소고기·표고버섯 양념: 간장 1과 1/2큰술, 설탕 2작은술, 다진 파·깨소금 1작은술씩, 다진 마늘 1큰술, 참기름 2작은술, 후추 약간
밀전병 반죽: 흰색-밀가루 1컵(물 1과 1/4컵) 소금 1/2작은술, 노란색-밀가루 1컵(치자물 1과 1/4컵) 소금 1/2작은술, 녹색-밀가루 1컵(시금치물 1과 1/4컵) 소금 1/2작은술
겨자장: 겨자 1과 1/2큰술, 설탕 2큰술, 식초 2큰술, 물 2큰술, 소금 1/2작은술

■ 만드는 법

01 오이는 돌려깎아 5cm 길이로 가늘게 채썰어 소금에 절이고, 당근은 채썰어 끓는 물에 소금을 약간 넣고 살짝 데친다.

02 숙주는 끓는 물에 살짝 데치고, 고기와 표고버섯은 가늘게 채를 썰어 양념한다.

03 달걀은 흰자와 노른자를 분리하여 지단을 부쳐 가늘게 채를 썬다.

04 오이-당근-고기·표고버섯 순으로 볶는다.

05 팬에 기름을 살짝 두르고 밀전병을 부친다.

06 밀전병을 놓고 준비된 재료들을 보기좋게 담아 말아 접시에 담는다.

➕ 당근과 식용유의 궁합

당근에는 비타민A의 모체인 카로틴과 섬유질, 칼슘, 철, 인, 마그네슘, 칼륨 등이 많다. 카로틴은 물에 녹는 지용성 비타민으로 식용유에 조리하면 영양 효과가 높다.

▍Note

밀전병 대신에 무쌈으로
무를 얇게 썰어 물, 식초, 설탕, 소금에 20분 정도 재워서 재료를 담아 말아 주면 아삭아삭한 특별한 맛이 탄생한다.

3. 야채와 함께 먹으면 좋은 음식

음식궁합 양파 + 브로콜리

브로콜리 스프

■ **재 료** (4인분)

브로콜리 150g, 감자 2개, 양파 1/2개, 버터 1큰술, 밀가루 1큰술, 닭 육수 2컵, 우유 1/2컵, 생크림 1/3컵, 바질 1/4작은술, 소금·후추 약간씩

닭 육수 : 닭 1/2마리, 물 6컵, 양파 1/2개, 대파 1대, 통후추 1큰술

■ 만드는 법

01 분량의 물을 붓고 닭, 양파, 대파, 통후추를 넣고 끓여 육수를 준비한다.

02 감자, 양파는 얇게 썰어서 버터를 두른 프라이팬에 볶다가 밀가루를 넣고 다시 볶은 뒤 육수 1컵을 넣고 끓인다.

03 준비된 02를 믹서에 곱게 간다.

04 브로콜리는 가닥가닥 떼어서 씻는다.

05 끓는 물에 소금을 넣고 브로콜리를 무를 때까지 익혀 체에 걸러 육수 1컵을 넣고 믹서에 간다.

06 믹서에 간 02, 05에 우유를 넣고 끓이다가 생크림과 바질을 넣고 소금, 후추로 간한다.

➕ **양파와 브로콜리의 궁합**

양파는 동맥경화와 당뇨병에 효능이 뛰어나고 비타민 B_1의 흡수를 촉진시킨다. 브로콜리에는 카로틴과 비타민C, 섬유질이 풍부하여 양파와 브로콜리를 함께 섞어 먹으면 피부 미용, 스태미너에 도움이 된다.

▌**Note**

브로콜리의 손질법은
브로콜리는 삶기 전에 가닥가닥 잘 떼어서 깨끗이 씻어 사용해야 한다.
바질은 스프에 들어가는 대표적인 향신료로 재료상회나 대형마트에서 구입이 가능하다.

1

2

3

4

5

6

3. 야채와 함께 먹으면 좋은 음식

음식궁합 부추 + 돼지고기

부추잡채

■ 재료 (4인분)

부추 100g, 돼지고기 150g, 표고버섯 4장, 양파 1/2개, 죽순 50g, 식용유 1큰술, 채썬 마늘·생강 약간씩, 소금·후추 약간씩, 참기름 1큰술

돼지고기·표고버섯 양념 : 간장 2큰술, 설탕 1/2큰술, 다진 마늘 1작은술, 다진 파 1작은술, 참기름 1작은술

■ 만드는 법

01 부추는 5cm 길이로 썬다.

02 돼지고기와 표고버섯, 양파는 가늘게 채를 썰고, 돼지고기와 표고버섯은 양념을 한다.

03 죽순은 끓는 물에 데쳐서 소독을 하고 가늘게 채를 썬다.

04 프라이팬에 식용유를 두르고 채썬 마늘과 생강으로 향을 낸 후 돼지고기를 볶는다.

05 돼지고기가 익으면 양파, 표고버섯, 죽순 순으로 넣어 볶다가 소금과 후추로 간을 한다.

06 05에 부추를 넣고 불을 끈 다음, 참기름으로 마무리한다.

✚✚ 부추와 돼지고기의 궁합

섬유소가 많이 들어 있는 부추는 콜레스테롤이 많이 들어 있는 돼지고기와 함께 섭취하면 몸속에 콜레스테롤이 흡수되는 것을 막아 준다. 변비를 예방하는 데도 도움이 된다.

▎Note

부추가 숨이 죽지 않으려면 부추를 넣고 마무리할 때는 불을 꺼야 부추의 맛과 색을 선명하게 유지할 수 있다. 부추는 프라이팬에 남아 있는 열로도 익는다.

3. 야채와 함께 먹으면 좋은 음식

:: marine

해산물과 함께 먹으면 좋은 음식

새우 달걀탕 · 콩나물 미더덕찜 · 북어국 · 고등어 무조림

재첩국 · 굴꼬치 튀김 · 조개탕 · 두부 미역 된장국

새우 표고버섯 탕수 · 장어 구이 · 오징어 불고기 · 병어 조림

음식궁합 새우 + 달걀
새우달걀탕

■ 재 료 (4인분)
새우(중하) 10마리, 달걀 2개, 당근 50g, 청고추 1개, 홍고추 1개, 대파 1대, 다진 마늘 1큰술, 물녹말 1큰술, 소금·후추 약간씩
다시마·멸치 국물 : 다시마(10×10cm) 1장, 국물용 멸치 10마리, 물 7컵

■ 만드는 법

01 멸치는 머리와 내장을 제거하고, 다시마는 젖은 면보로 닦는다.

02 냄비를 뜨겁게 달구어 멸치를 볶다가 다시마와 물을 넣고 다시국물을 만든다.

03 02가 끓으면 면보에 걸러 다시국물을 준비한다.

04 새우는 등쪽의 내장을 빼서 껍질을 벗겨 반으로 자르고, 당근은 곱게 채를 썰고, 청고추와 홍고추는 어슷하게 썰고, 대파는 송송 썬다.

05 냄비에 멸치국물을 끓이다가 새우를 넣고 달걀을 풀어서 넣는다.

06 한소끔 끓이다가 물녹말을 넣은 후 당근, 청고추, 홍고추, 대파를 넣고 소금과 후추로 간을 한다.

╬ 새우와 달걀의 궁합

최근 연구 결과에 의하면 새우, 조개류에 콜레스테롤의 수치를 내려주는 타우린이 풍부하다는 결과가 나왔다. 달걀 또한 영양가가 높고 소화가 잘 되어 단백질을 많이 섭취해야 하는 임산부나 청소년, 아동에게는 꼭 필요한 식품이다. 난황에는 레시틴이라는 성분이 있는데, 이것은 담석 예방에 좋고 두뇌 활동에도 좋다. 새우와 달걀은 노화 방지에 뛰어난 음식 궁합이다.

> **Note**
> 또다른 멸치국물 내는 요령은 멸치를 말려 믹서에 갈아 2큰술 정도 넣고 끓이면 멸치 걸러내는 번거로움도 줄고 아주 진한 멸치 국물을 먹을 수 있다.

1

2

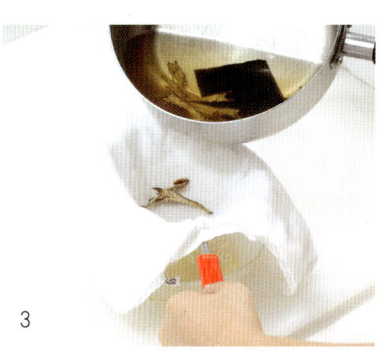
3

4

5

6

4. 해산물과 함께 먹으면 좋은 음식

음식궁합 콩나물 + 미더덕
콩나물미더덕찜

■ **재 료** (4인분)

콩나물(찜용) 300g, 미더덕 3컵, 미나리 100g, 대파 2대, 참기름 2큰술, 찹쌀가루 5큰술, 다시마 국물 1컵, 참기름 2큰술
찜 양념장 : 다진 마늘 3큰술, 다진 파 1큰술, 고춧가루 5큰술, 맛술 1큰술, 후추·깨소금·소금 약간씩

■ 만드는 법

01 찜용 콩나물은 머리와 꼬리를 떼고 씻어서 끓는 물에 살짝 데친다.

02 미더덕은 소금물에 씻어서 준비한다.

03 미나리는 5cm 길이로 썰고, 대파도 반으로 갈라 5cm 길이로 자른다.

04 냄비에 콩나물, 미더덕, 다시마 국물, 양념장을 넣고 끓인다.

05 04에 미나리와 대파를 넣는다.

06 한소끔 끓으면 찹쌀가루를 넣고 소금으로 간을 한 다음, 참기름으로 마무리한다.

➕➕ 콩나물과 미더덕의 궁합

콩나물은 비타민C가 풍부하므로 감기 예방에도 좋고 노화 방지에 탁월한 효과가 있는 미용식이다. 또한 저혈압 환자에게도 좋다. 콩나물에는 단백질, 철, 칼슘, 인 등이 들어 있으며 비타민이 부족한 미더덕은 콩나물과 함께 섭취하면 미더덕의 고유의 향을 높여주고 콩나물은 더욱더 아삭해진다. 영양 또한 아주 훌륭하여 콩나물과 미더덕은 좋은 궁합이라 할 수 있다.

Note
찹쌀가루와 물의 비율은
찹쌀가루:물 = 5:5 비율로 개어서 사용하면 된다.

1

2

3

4

5

6

음식궁합 북어 + 달걀
북어국

> **■ 재 료** (4인분)
> 북어(중) 1마리, 달걀 1개, 두부 1/4모, 무 50g, 대파 1대, 청고추·홍고추 1개씩, 다진 마늘 1큰술, 소금·후추 약간씩, 참기름 1작은술, 물 7컵

➕ 북어와 달걀의 궁합

북어국은 입맛 없을 때나 술을 마셨을 때 해장국으로 좋은 영양식이다. 품질이 좋은 북어는 색이 누렇고 살이 연하다. 이것을 황태라고도 한다. 북어국에 달걀이 들어가는 이유는 시각적인 효과는 물론 북어의 단백질을 더욱 높여 주기 위함이다. 북어국의 맛이 개운한 것은 메티오닌과 아미노산이 많이 들어있기 때문이다. 북어국에 달걀을 넣으면 북어가 가지고 있는 단백질을 상승시켜 주므로 궁합이 좋은 음식이다.

▌Note
북어국을 시원하게 끓이려면 북어를 하루 전날 물에 불려서 국물을 사용하면 시원하다. 주의할 점은 너무 오래 끓이지 말아야 한다.

■ 만드는 법

01 북어는 하루 전날 4토막 내어서 물에 담가 둔다.

02 두부와 무는 나박썰기를 한다.

03 대파, 청고추, 홍고추는 어슷하게 썬다.

04 01을 냄비에 담고 두부와 무를 넣고 끓인다.

05 한소끔 끓으면 달걀을 풀어서 넣고, 대파와 청고추, 홍고추를 넣는다.

06 마지막에 참기름을 넣고 마무리한다.

1

2

3

4

5

6

음식궁합 고등어 + 무
고등어 무조림

> **■ 재 료** (4인분)
> 고등어 1마리, 무 100g, 대파 2대, 홍고추 1개, 물 1과 1/2컵
> **조림장 :** 고추장 1큰술, 간장 1과 1/2큰술, 물엿 1큰술, 고춧가루 1큰술, 다진 마늘 1큰술, 다진 양파 1큰술, 다진 생강 1/2작은술

■ 만드는 법

01 고등어는 내장을 제거하여 씻은 다음 어슷하게 썬다.

02 무는 큼직하고 납작하게 썬다.

03 대파는 반으로 갈라 5cm 길이로 자르고, 홍고추는 어슷하게 자른다.

04 분량의 조림장을 만든다.

05 냄비에 물과 무를 넣고, 무가 익도록 끓인다.

06 무가 어느 정도 익으면 고등어과 양념장을 넣고 끓이다가 대파와 홍고추를 넣어 마무리한다.

➕➕ 고등어와 무의 궁합

고등어는 영양면으로 아주 뛰어난 등푸른 생선이다. 또한 위를 튼튼하게 하고 체력을 보강하며 쉽게 피곤을 느끼는 사람에게는 아주 좋다. 무는 고등어의 소화를 돕고 해독 작용도 한다. 고등어의 진한 맛이 무에 배어 달짝지근한 맛을 내게 한다. 그러므로 고등어와 무는 찰떡궁합이라 할 수 있다.

❚ Note

조림장으로 활용할 수 있는 요리는 갈치, 삼치 등을 같은 방법으로 요리하면 여러 가지 생선 요리를 즐길 수 있다.

1

2

3

4

5

6

음식궁합 재첩 + 부추
재첩국

■ 재 료 (4인분)

재첩 300g, 부추 100g, 실파 2뿌리, 다진 마늘 1큰술, 물 6컵, 소금 약간

➕ 재첩과 부추의 궁합

재첩국에는 비타민 B와 단백질이 많아 영양가가 뛰어난 음식이다. 저지방 음식이면서 고단백이라 콜레스테롤을 저하시키고 간기능에도 효과적이며 성인병 예방에도 좋다. 재첩국을 끓일 때 부추를 넣는 이유는 재첩국의 향을 더욱 살려 주며 영양의 균형을 맞춰 주는 역할을 하기 때문이다. 재첩에는 비타민 B와 단백질이 많고 몸을 차게 하는 성분이 있으며, 부추는 재첩에는 없는 비타민 A와 몸을 따뜻하게 하는 성질이 있어 서로의 부족한 면을 보완해 주는 음식이다.

▌Note

재첩의 해감은 이렇게
큰 그릇에 소금을 약간 타서 재첩을 넣고 신문을 덮어 하룻밤을 어두운 곳에 두면 해감이 잘 된다.

■ 만드는 법

01 재첩은 소금물에 해감하여 깨끗하게 씻는다.

02 부추는 3cm 길이로 일정하게 자르고, 실파는 송송 썬다.

03 찬물에서부터 재첩을 넣고 은근하게 끓인다.

04 끓인 재첩은 거즈를 깔고 국물을 거른다.

05 재첩의 껍질은 벗기고 살만 준비한다.

06 재첩 국물을 끓이다가 재첩살, 부추, 송송 썬 실파, 다진 마늘을 넣고 소금으로 간을 한다.

4. 해산물과 함께 먹으면 좋은 음식

음식궁합 굴 + 레몬
굴꼬치 튀김

■ **재 료** (4인분)

굴 32개, 레몬 1/2개, 달걀 2개, 밀가루 5큰술, 빵가루 2컵, 꼬치 8개, 식용유 적당량
초고추장 : 고추장 5큰술, 식초 2큰술, 다진 마늘 1큰술, 설탕 2큰술, 통깨 1큰술, 콜라 2큰술

■ **만드는 법**

01 굴은 소금물에 살살 흔들어 씻어 물기를 제거한다.

02 씻어 놓은 굴에 레몬즙을 뿌려 잡냄새를 없앤다.

03 끓는 물에 굴을 넣고 살짝 데쳐 물기를 제거한다.

04 굴에 밀가루를 묻히고 달걀, 빵가루 순으로 묻혀 꼬치에 끼운다.

05 튀김 온도 170℃에서 노릇하게 튀긴다.

06 그릇에 예쁘게 담고, 초고추장을 곁들여 낸다.

✚✚ 굴과 레몬의 궁합

굴은 바다에서 나는 우유라 불릴 정도로 어패류 중에서 많은 영양소를 가지고 있다. 굴은 작은 미생물을 먹고 자라므로 수분이 많고 지방, 단백질, 무기질, 비타민, 단백질 등 영양소가 풍부하므로 세균 번식이 빠르고 탄력이 떨어지기 쉽다. 여기에 신맛이 강한 레몬을 첨가하면 세균 번식을 억제하고 굴의 나쁜 냄새를 제거해 주며 철분의 흡수를 도와 준다.

▌**Note**

굴을 끓는 물에 데치는 이유는
굴튀김을 했을 때 자칫 기름이 튀는 경우가 있는데 끓는 물에 데쳐서 사용하면 이를 방지할 수 있다. 10초 정도만 데쳐야 굴의 향을 유지할 수 있다.

4. 해산물과 함께 먹으면 좋은 음식

음식궁합 조개 + 쑥갓

조개탕

■ 재료 (4인분)

모시조개 300g, 쑥갓 50g, 청고추 1개, 홍고추 1개, 대파 1대, 청주 1큰술, 소금 약간
멸치·다시마 국물: 물 8컵, 국물용 멸치 10마리, 다시마(10×10cm) 1장, 건 표고버섯 3장, 마늘 3쪽

✚ 조개와 쑥갓의 궁합

간장 질환에 효과가 큰 조개탕은 해장 음식으로 이용되고 있다. 조개의 독특한 향이 속을 편하게 하고 술을 깨게 하는 효과가 있기 때문이다. 쑥갓은 향이 독특하고 맛이 깔끔하여 무침으로도 많이 먹는데 조개에는 없는 비타민 A, C, 엽록소가 풍부하여 쑥갓과 조개가 만나면 쑥갓의 향과 조개의 시원한 맛이 잘 어우러져 영양의 균형과 맛이 상승되어 조화로운 만남이라 할 수 있다.

▌Note
더욱 칼칼하게 먹으려면 마지막에 청양고추를 썰어서 넣으면 칼칼하면서도 시원한 맛을 즐길 수 있다.

■ 만드는 법

01 조개는 소금을 넣고 신문을 덮어 어두운 곳에서 해감시킨다.

02 다시마는 물에 담가 1시간 정도 우린다.

03 냄비를 달구어 멸치를 볶다가 02를 붓고 건 표고버섯, 마늘을 넣고 끓여서 국물을 체에 걸러 준비한다.

04 청고추와 홍고추는 가늘게 썰고, 대파는 송송 썬다.

05 03을 냄비에 넣고 끓이다가 모시조개를 넣고 입이 벌어지도록 끓인다.

06 국물이 시원하게 우러나면 청주를 넣고 소금으로 간을 하여 쑥갓, 청고추, 홍고추, 대파를 넣고 불을 끈다.

1

2

3

4

5

6

음식궁합 두부 + 미역

두부 미역 된장국

■ **재 료** (4인분)

두부 1/2모, 미소된장 4큰술, 미역 30g, 팽이버섯 1/2봉지, 실파 2뿌리, 소금·후추 약간씩

다시마 국물 : 물 8컵, 다시마(10×10cm) 1장

■ 만드는 법

01 두부는 사방 1cm로 잘라 끓는 물에 데친다.

02 미역은 물에 불려 1cm로 자른다.

03 팽이버섯은 1cm 길이로 자르고, 실파는 송송 썬다.

04 냄비에 물과 다시마를 넣고 10분 정도 끓이다가 다시마를 건져낸다.

05 04에 미소된장을 풀고 두부와 미역을 넣고 다시 끓인다.

06 한소끔 끓으면 팽이버섯과 실파를 넣고, 소금과 후추로 간을 한다.

➕➕ **두부와 미역의 궁합**

다이어트 식품인 두부는 소화율이 95%나 되며 찜, 조림, 전골 등에 다양하게 응용된다. 미역은 라미닌이라는 혈압을 내리게 하는 성분이 있어 고혈압 환자에게는 더더욱 좋다. 콩 제품을 먹을 때는 요오드를 보충할 수 있는 미역을 함께 먹으면 좋다. 또한 두부와 미역을 함께 섭취하면 산성 체질을 중화시키는 중요한 역할을 한다.

❙Note

된장국을 끓일 때는
된장을 풀 때는 채에서 된장 덩어리가 없게 내려서 사용해야 국물이 깔끔하다.

1

2

3

4

5

6

음식궁합 새우 + 표고버섯
새우 표고버섯탕수

■ 재 료 (4인분)
새우(중하) 15마리, 건 표고버섯 15개, 키위 1개, 방울토마토 5개, 파인애플 링 2조각, 양파 1/2개, 청·홍피망 1/2개, 튀김가루 1컵(반죽할 물 1컵), 밀가루 약간, 식용유 적당량

소스 : 물 1컵, 굴소스 1큰술, 설탕 3큰술, 식초 3큰술, 물녹말 1큰술

■ 만드는 법

01 새우는 내장을 제거하고 껍질을 벗겨 반으로 가르고, 건 표고버섯은 뜨거운 물에 불려서 준비한다.

02 키위는 4등분, 방울토마토는 2등분, 파인애플은 6등분하고 양파, 청피망, 홍피망은 사방 3cm로 자른다.

03 새우는 소금과 후추로 밑간을 하고, 표고버섯은 소금과 참기름으로 밑간을 한다.

04 새우와 표고버섯은 밀가루를 묻히고 튀김 반죽으로 옷을 입혀 170℃에서 튀긴다.

05 프라이팬에 소스를 끓이다가 물녹말로 농도를 맞추고 튀긴 새우와 표고버섯을 넣고 끓인다.

06 한소끔 끓으면 키위, 방울토마토, 파인애플, 양파, 청피망, 홍피망을 넣어 섞은 뒤 불을 끈다.

✚✚ 새우와 표고버섯의 궁합

새우는 단백질이 풍부하며 독특한 단맛을 내므로 고급 요리에 많이 쓰인다. 또한 타우린이 적당하게 들어 있어 콜레스테롤을 떨어뜨리는 효과가 있다. 표고버섯 또한 항암 효과에 좋으며, 칼슘의 흡수를 돕고 콜레스테롤의 수치를 내리는 성분이 있어 새우와 표고버섯을 함께 먹으면 성인병을 예방할 수 있어 좋다.

▎Note

탕수의 과일과 채소의 색을 선명하게 하려면 소스가 끓을 때 과일과 채소를 처음부터 넣으면 색이 변할 수 있다. 그러므로 소스와 새우, 표고버섯이 잘 어우러지면 마지막에 넣고 불을 끈다.

1

2

3

4

5

6

음식궁합 장어 + 생강
장어 구이

■ 재 료 (4인분)

민물장어 2마리, 생강 50g, 무순 30g, 깻잎 10장

장어 소스 : 흑설탕 2큰술, 설탕 2큰술, 물엿 3큰술, 간장 1/3컵, 육수 1/2컵, 청주 3큰술, 생강즙 3큰술

■ 만드는 법

01 장어 대가리와 뼈는 육수로 준비한다(P8 참조).

02 장어는 물에 씻지 않고 칼로 긁으면서 키친타월로 닦는다.

03 생강은 가늘게 채를 썰어 찬물에 담갔다가 물기를 제거한다.

04 무순은 깨끗이 씻고, 깻잎은 가늘게 채를 썬다.

05 프라이팬에 장어 소스와 장어를 넣고 은근히 조리면서 소스를 끼얹어 준다.

06 조린 장어를 적당하게 잘라 접시에 담고 생강채, 무순, 깻잎을 담아낸다.

✚✚ 장어와 생강의 궁합

장어는 지방이 많고 담백한 흰살 생선 중의 하나이다. 비타민A가 풍부하며 가장 맛있는 시기는 산란기 직전이다. 민물고기는 비린내가 심하여 양념장에도 생강즙을 넣고, 생강채 또한 함께 먹으면 어느 정도 비린내를 해결할 수 있다. 또한 느끼한 맛과 장어 특유의 냄새도 없앨 수 있다.

Note

장어의 바른 손질법은
장어는 물에 씻으면 비린내가 나므로 씻지 않고 키친타월로 닦아가면서 손질하는 것이 바람직하다.

음식궁합 오징어 + 땅콩

오징어불고기

■ **재 료** (4인분)

오징어 2마리, 볶은 땅콩 50g, 양파 1/2개, 표고버섯 5개, 대파 2대, 미나리 5줄기
양념장 : 고춧가루 2큰술, 고추장 2큰술, 간장 1/2큰술, 다진 마늘 1큰술, 설탕 1/2큰술, 물엿 2큰술, 참기름 1큰술, 후추 약간, 멸치국물 3큰술

■ **만드는 법**

01 오징어는 내장을 제거하고 껍질을 벗겨 칼집을 내어 큼직하게 썬다.

02 볶은 땅콩은 입자가 있도록 다진다.

03 양파와 표고버섯은 채를 썰고, 대파와 미나리는 5cm 길이로 자른다.

04 오징어는 양념장에 재운다.

05 프라이팬에 식용유를 두르고 양파와 표고버섯을 볶다가 양념한 오징어를 넣고, 마지막에 대파와 미나리를 넣는다.

06 오징어볶음이 완성되면 접시에 담고, 다진 땅콩을 뿌린다.

➕ 오징어와 땅콩의 궁합

오징어는 영양가는 높지만 조직이 단단해서 소화가 어렵고 지방 함유율이 낮은 단점이 있다. 그러나 콜레스테롤을 낮추는 타우린 성분이 풍부하고, 단백질은 소고기의 3배나 들어 있다. 땅콩은 오징어의 낮은 지방 함유율을 보충해 주며, 오징어를 더욱 맛있게 하여 조화를 이룬다.

▌Note

오징어를 질기지 않게 하려면
오징어는 칼집을 잘 내야 하며, 볶을 때 재빨리 볶아야 질기지 않고 물이 생기지 않는다.

4. 해산물과 함께 먹으면 좋은 음식

음식궁합 병어 + 생강

병어조림

■ 재료 (4인분)
병어(대) 1마리, 다시마 국물 1컵, 무 1토막, 대파 1대, 청양고추 2개, 홍고추 1개, 식용유 적당량

조림 양념장 : 고춧가루 5큰술, 다진 생강 1작은술, 다진 마늘 1큰술, 청주 1큰술, 간장 1큰술, 굵은소금 1큰술, 후추 약간

■ 만드는 법

01 병어는 내장을 빼고 씻어서 칼집을 넣는다.

02 무는 큼직하게 토막을 낸다.

03 파는 반으로 갈라 길게 자르고, 청양고추와 홍고추는 어슷하게 썬다.

04 분량의 조림 양념장을 준비한다.

05 냄비에 다시마 국물과 무를 넣고, 무가 어느 정도 익을 때까지 끓인다.

06 무가 적당하게 익으면 병어와 조림 양념장을 넣고 조리다가 청양고추, 홍고추, 대파를 넣고 한 번 더 살짝 조린다.

➕ 병어와 생강의 궁합

생선의 불포화 지방산은 동맥경화의 원인이 되는 혈전을 막아 주는 역할을 한다. 불포화 지방산의 하나인 DHA는 성인병과 암을 예방하고 억제하는 효과가 있다. 생선의 조림이나 탕에는 비린내가 많이 나는데 여기에 생강을 첨부하면 냄새를 없애고 생선의 맛을 더욱 좋게 하므로 병어와 생강은 잘 어울린다.

▌Note

병어의 손질법은
병어는 손으로 문질러 비늘을 씻어내고 아가미로 내장을 제거한다. 신선도를 유지하기 위해 소금물에 씻는 것이 좋으며, 칼집을 넣어서 사용하면 된다.

1

2

3

4

5

6

:: noodle

면과 함께 먹으면 좋은 음식

콩국수·라면 볶기·스파게티·메밀 국수

비빔 냉면·닭 칼국수

음식궁합 국수 + 콩
콩국수

■ 재 료 (4인분)

국수 300g, 불린콩 2컵, 물 5컵, 잣 1컵, 깨 1/2컵, 소금 약간

고명 : 방울토마토, 오이, 검은깨 등 적당량씩

╬ 국수와 콩의 궁합

여름철에 식욕이 떨어지고 땀을 많이 흘릴 때 시원한 콩국에 국수를 말아 먹으면 힘이 난다. 콩은 신경을 안정시키고 피를 맑게 하며, 뇌의 활동을 돕는 식품으로 인정받고 있다. 콩은 밀가루에 비해 필수 아미노산이 3~5배 이상 더 들어 있다. 밀가루의 단백질이 콩과 만나면 아미노산의 상승 효과가 있어 더욱더 균형 잡힌 음식의 만남이라 할 수 있다.

▎Note
콩을 냄새나지 않게 삶으려면
콩을 너무 오래 삶으면 메주 냄새가 나고, 덜 삶으면 비린내가 난다. 뚜껑을 열고 고소한 냄새가 날 때까지 삶아야 하는데, 중간 크기의 콩을 먹어 봤을 때 다 익었으면 불을 끈다.

■ 만드는 법

01 콩은 잡티를 제거한 후 5배의 물을 붓고 12시간 정도 불려 껍질을 벗긴다.

02 불린 콩은 물을 붓고 8분 정도 삶아서 건진다.

03 삶은 콩과 물을 식혀서 잣, 깨와 함께 믹서에 간다.

04 03을 면보에 걸러 차게 식히고, 방울토마토는 반으로 자르고, 오이는 가늘게 채를 썬다.

05 끓는 물에 소금을 넣고 국수를 삶는데, 끓어오를 때 찬물을 2~3번 부어 쫄깃하게 삶아 찬물에 헹군다.

06 콩국은 소금으로 간을 하고, 소면은 사리를 만들어 그릇에 담는다. 고명으로 방울토마토, 오이, 검은깨를 올린다.

음식궁합 라면 + 녹색 채소

라면볶기

■ **재 료** (4인분)

라면 2봉지, 양파 1/2개, 당근 1/2개, 배추 2잎, 대파 2대, 통깨 약간
소스 : 물 1과 1/2컵, 고추장 3큰술, 간장 1큰술, 설탕 2큰술, 물엿 3큰술

라면과 녹색 채소의 궁합

라면 한 그릇을 먹으면 하루의 소금 섭취량인 6g을 먹는 것이라고 한다. 라면을 먹을 때에는 장아찌나 단무지와 같이 짠 음식은 피하는 것이 좋고, 칼륨이 많은 녹색 채소를 곁들이거나 과일을 먹는 것이 좋다.

Note

면발을 쫄깃하게 하려면
끓는 물에 삶아서 얼음물에 재빨리 씻어 사용하면 면발에 탄력이 생겨 쫄깃해진다.

■ **만드는 법**

01 양파와 당근은 깨끗이 다듬어 가늘게 채를 썬다.

02 배추는 굵게 채를 썰고, 대파는 어슷하게 썬다.

03 냄비에 소스를 끓이면서 양파, 당근, 배추를 넣고 끓인다.

04 냄비에 물을 붓고, 끓으면 라면을 삶아 건져서 찬물에 헹군다.

05 03에 삶은 라면을 넣고 다시 살짝 조린다.

06 05가 다 조려지면 대파를 넣고 통깨로 마무리한다.

5. 면과 함께 먹으면 좋은 음식

음식궁합 스파게티 + 올리브유

스파게티

■ 재 료 (4인분)

다진 소고기 200g, 양송이 5개, 양파 1개, 옥수수 1/3컵, 마늘 2쪽, 셀러리 30g, 스파게티면 300g, 파마산치즈 2큰술, 파슬리가루 약간

소스 : 올리브오일 1큰술, 버터 1큰술, 레드와인 3큰술, 토마토페이스트 2큰술, 토마토 1개, 케첩 1컵, 육수(소고기) 1컵, 설탕 1큰술, 우스터소스 2큰술, 월계수잎 2장, 바질 1작은술, 소금 1작은술, 후추 약간

■ 만드는 법

01 양송이는 편으로 썰고, 마늘과 양파, 셀러리는 다지고, 토마토는 끓는 물에 살짝 데쳐 껍질을 벗겨 다진다.
02 스파게티면은 끓는 물에 소금과 식용유를 넣고 15분 정도 삶는다.
03 프라이팬에 올리브오일과 버터를 두르고 마늘 향을 낸 뒤 양파와 셀러리를 볶는다.
04 소고기는 핏물을 제거하고 볶다가 소금 1작은술, 후추 약간을 넣고 레드와인으로 센 불에서 알코올 성분을 증발시킨다.
05 04에 토마토페이스트를 볶다가 다진 토마토, 케첩, 육수를 넣고 설탕, 우스터소스, 월계수 잎을 넣고 끓이다가 양송이, 옥수수, 바질을 넣고 끓인다(월계수 잎은 꺼낸다).
06 프라이팬에 올리브오일 1큰술을 두르고 스파게티면을 볶다가 파마산치즈를 뿌려 05와 함께 버무려 그릇에 담고 파슬리가루를 뿌려 낸다.

╋╋ 스파게티와 올리브유의 궁합

스파게티의 원료는 밀가루인데 강력분을 압축해서 만든 것이다. 스파게티면은 일반 국수와 다르기 때문에 삶을 때 주의해야 한다. 스파게티 요리에 올리브유를 넣으면 밀가루 조직을 유연하게 만들어 촉감이 부드러워진다. 또한 밀가루에 부족한 지방분을 보급해 주는 중요한 역할을 하기도 한다.

▌Note

스파게티면 삶을 때는
15분 정도 삶아야 하며, 삶은 후 절대 물에 씻지 않는다는 점에 유의해야 한다.

1

2

3

4

5

6

음식궁합 메밀 + 무
메밀국수

■ 재료 (4인분)
메밀 400g, 무 50g, 김 1장, 실파 2뿌리, 와사비 2큰술

장국 국물: 물 6컵, 국물용멸치 10마리, 다시마(10x10cm) 1장, 양파 1/2개, 대파 1대, 건 표고버섯 3개, 가스오부시 20g, 설탕 3큰술, 간장 5큰술, 청주 3큰술, 다진 생강 1작은술

➕ 메밀과 무의 궁합
메밀은 변비가 잦은 사람에게 좋고, 고혈압에도 효과가 있다. 끈기가 없고 겉껍질이 거뭇한데 이것은 살리실아민과 벤질아민이라는 성분 때문이다. 이 성분을 해독시키는 것이 무이다. 무에는 비타민C와 효소가 풍부하므로, 메밀과 무를 함께 먹으면 몸에 좋다.

▌Note
와사비는 …
튜브에 들어 있는 와사비를 사용하면 간편하다. 와사비가루를 구입했을 경우에는 찬물에 개어서 사용하면 된다.

■ 만드는 법

01 냄비에 물을 붓고 멸치, 다시마, 양파, 대파, 건 표고버섯을 넣고 끓인다.

02 국물이 우러나면 가스오부시(가다랭이포)를 넣고 불을 끈 후 5분 후에 체에 거른다.

03 02를 다시 냄비에 붓고 설탕, 간장, 청주, 생강을 넣어 10분간 더 끓인 후 식혀서 냉동실에 살짝 얼린다.

04 메밀은 찬물에 한번 씻어 끓는 물에 넣고, 찬물을 여러 번 부어 삶아 찬물에 헹군다.

05 무는 강판에 갈고, 김은 구워서 가늘게 채를 썰고, 실파는 송송 썬다.

06 접시에 메밀 사리를 1인분씩 담고, 살짝 얼린 장국은 갈아서 준비하여 무, 김, 실파, 와사비를 곁들여 낸다.

1

2

3

4

5

6

음식궁합 메밀 + 무
비빔 냉면

■ 재 료 (4인분)

냉면 400g, 사태 200g, 무 1토막, 오이 1/2개, 배 1/4개, 삶은 달걀 2개
냉면 김치 양념 : 식초 1큰술, 고춧가루 1큰술, 다진 마늘 1작은술, 설탕 1/2작은술, 양파즙 1큰술, 생강즙 1/3작은술
냉면 양념 : 고춧가루 6큰술, 육수 3큰술, 설탕 5큰술, 참기름·간장 1큰술씩, 생강즙 1작은술, 양파즙·다진 마늘·다진 파 2큰술씩, 깨소금·물엿 1큰술씩, 식초 6큰술, 소금 1/2큰술

➕ 냉면과 식초의 궁합

냉면은 메밀과 녹말을 섞어 뽑은 사리로 여름에 입맛 없을 때 시원한 육수에 말아 먹으면 좋다. 메밀은 아미노산과 단백질, 비타민B_1, B_2, D, 인산 등이 풍부하다. 냉면에 식초를 섞으면 첫째 미각적인 조화, 영양, 위생의 세 가지 모두를 해결할 수 있다.

▌Note

배의 갈변 현상을 없애려면 배를 썰어서 설탕물에 담갔다가 사용하면 갈변 현상을 막을 수 있다.

■ 만드는 법

01 사태는 대파(1대), 생강(생강 1톨), 양파(양파 1/2개)를 넣고 삶아 편으로 썬다.

02 무는 폭 2cm, 길이 5cm로 썰어 소금, 식초, 설탕(1:2:3 비율)에 절인 후 물기를 제거하고 냉면 김치 양념에 무친다.

03 오이는 길이로 반을 잘라 어슷하게 썰어 소금에 절여 물기를 제거한다.

04 배는 무와 같은 크기로 썰고, 달걀은 반으로 자른다.

05 냉면은 삶아서 찬물에 씻어 물기를 제거한다.

06 냉면 그릇에 사리를 담고 편육, 무김치, 오이, 배, 냉면 양념, 달걀을 얹어 완성한다.

1

2

3

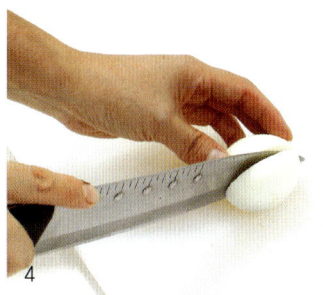
4

5

6

음식궁합 국수 + 닭

닭칼국수

■ **재 료** (4인분)

밀가루(중력분) 3컵, 날콩가루 1컵, 바지락 100g, 대파 1대, 달걀 흰자·노른자 지단, 김 약간, 간장·소금 약간씩
닭육수: 닭 1/2마리, 물 12컵, 양파 1/2개, 대파 1대

✚✚ 국수와 닭의 궁합

국수는 가닥이 길기 때문에 장수한다는 뜻으로 생일날에도 즐겨먹고, 잔칫상에도 올리는 귀한 음식이라 할 수 있다. 국수와 닭고기가 만나면 더욱더 감칠맛이 나고, 국수에 부족한 필수 아미노산을 보충해 주기도 한다. 영양과 맛이 조화된 닭칼국수는 잘 어울리는 별미 음식이다.

▌Note

국수를 밀 때에는
국수를 밀 때 밀가루를 너무 많이 바르면 끓일 때 칼국수의 국물이 탁해져서 시원한 맛이 떨어질 수 있으므로 주의해야 한다.

■ 만드는 법

01 밀가루와 날콩가루는 체에 내려 소금을 넣고 미지근한 물을 약간씩 넣으면서 반죽을 한다.

02 반죽은 밀어서 0.5cm 두께로 썰어 놓는다.

03 닭육수는 끓여서 체에 걸러 냄비에 다시 붓고, 끓이면서 바지락을 넣어 입이 벌어지면 국수를 넣는다.

04 삶아 놓은 닭은 찢어서 03에 넣는다.

05 대파는 송송 썰고, 지단과 김은 가늘게 채를 썬다.

06 칼국수가 익으면 간장으로 색을 내고 소금으로 간을 해서 그릇에 담고 고명을 올려서 낸다.

:·choice

저자가 추천하는 맛깔스러운 음식

순대 볶음 · 모듬쌈 정식 · 북어포 무침

통오징어 간장 조림 · 알밥 · 새송이 버섯구이

순대볶음

사랑하는 가족을 위해 일요일엔 순대볶음을 준비하세요

재 료 (4인분)

순대 300g, 깻잎 20장, 양배추 3장, 당근 1/2개, 대파 1대, 양파·청고추·홍고추 각 1개씩, 불린 당면 약간

양념장 : 고춧가루 2큰술, 고추장 2큰술, 굴소스 1큰술, 맛술 1큰술, 다진 마늘 1큰술, 설탕 1/2큰술, 물엿 1큰술, 깨소금 1큰술, 물 2큰술, 후추 약간, 참기름 1작은술, 들깨가루 3큰술

■ **만드는 법**

01 양파는 채썰고, 당근과 고추는 어슷하게 썰고, 양배추와 깻잎은 적당하게 자른다.

02 양념장을 만든다.

03 팬에 식용유를 두르고 대파로 향을 낸 후 양파를 먼저 볶은 다음 양배추를 볶는다.

04 양념장을 약간 넣어 볶다가 나머지 야채와 순대, 당면을 넣고 살짝 볶아 참기름과 들깨가루로 마무리한다.

Note **순대를 터지지 않게 하려면**
순대를 썰어서 찜솥에 찐 후 볶을 때 살짝 버무리기만 하면 순대가 터지지 않는다.

깻잎을 적당한 크기로 썰기

양념장 만들기

모듬쌈 정식

비타민 친구들이 옹기종기 다 모였네

재 료 (4인분)

불린 보리쌀 2컵, 물 2컵, 양배추·케일·배추속잎·다시마 적당량씩
강된장 : 다진 조갯살·새우살 50g씩, 물·된장 1/2컵씩, 고추장 1큰술, 다진 호박 1/2컵, 다진 양파 1/2컵, 다진 청고추 2큰술, 다진 마늘 1큰술, 생강즙 1작은술, 송송 썬 대파 2큰술

뚝배기에 다진 조갯살과 새우살 볶기

물과 된장을 갈아서 02에 넣기

■ 만드는 법

01 불린 보리쌀은 동량의 물을 붓고 밥을 짓는다.
02 뚝배기에 다진 조갯살과 새우살을 넣고 볶는다.
03 물과 된장을 믹서에 갈아서 02에 넣는다.
04 02에 고추장, 호박, 양파, 청고추, 다진 마늘, 생강즙을 넣고 끓인다.
05 강된장이 완성되면 대파로 마무리한다.

> **Note 된장은 믹서해서 부드럽게**
> 된장은 동량의 물을 넣고 믹서해서 사용하면 더욱더 부드러운 강된장이 된다. 생강즙을 넣으면 된장의 잡냄새가 제거된다.

북어포 무침
고추기름의 깊은 맛이 입안에서 착착 ~

북어포 물에 씻기

양념장 만들기

재 료 (4인분)

북어포 100g, 식용유 2큰술, 다진 마늘 1큰술, 다진 파 1큰술, 참기름 1큰술
양념장 : 설탕 3큰술, 고추장 4큰술, 고추기름 1큰술, 꿀 2큰술, 송송 썬 실파·통깨·참기름 각 1큰술씩

■ 만드는 법

01 북어포는 물에 살짝 씻는다.

02 프라이팬에 식용유 2큰술을 두르고 다진 마늘과 다진 파로 향을 낸 후 참기름을 넣는다.

03 02에 북어포를 넣어 볶은 후 양념장을 넣고 같이 무친다.

 북어를 씻을 때는
북어를 오랫동안 물에 담가 두면 북어의 단맛이 빠져 나가므로 씻어서 바로 물기를 제거한다.

통오징어 간장조림
오징어가 미끈한 몸매를 한껏 뽐내요

오징어 데치기

콜라, 양파, 마늘, 생강, 파, 건고추 넣고 조리기

재 료 (4인분)

오징어 1마리, 메추리알 10개, 꽈리고추 6개
간장 조림장 : 콜라 1컵, 마늘 2쪽, 양파 1/2개, 생강 1톨, 건고추 1개, 대파 1/2대, 간장 3큰술, 굴소스 1큰술, 물엿 3큰술, 맛술 1큰술, 통깨 약간

■ 만드는 법

01 오징어는 내장을 떼고 손질하여 끓는 물에 데치고, 메추리알은 소금을 넣어 삶아 껍질을 벗긴다.

02 마늘과 생강은 편으로 썰고, 양파는 채썰어 준비한다.

03 콜라, 마늘, 양파, 생강, 대파, 건고추를 냄비에 넣고 반으로 줄 때까지 조린다.

04 03에 데친 오징어와 메추리알을 넣고 간장, 굴소스, 물엿, 맛술을 넣고 조린다. 거의 조려지면 꽈리고추를 넣는다.

05 윤기나게 조려 적당하게 자른 후 메추리알과 꽈리고추를 함께 담아낸다.

 윤기나게 조림을 하려면
오징어를 조릴 때 조림장을 계속 끼얹어 가면서 조리면 윤기가 난다.

알밥
입 안에서 톡톡 터지는 알이 이슬 같아요

다진 김치, 당근, 양파 넣고 볶기

냄비에 소스 조리기

재 료 (1인분)
날치알 2큰술(레몬즙 1작은술), 밥 1/2공기, 다진 김치 1큰술, 다진 당근 1큰술, 다진 양파 1큰술, 다진 단무지 1큰술, 채썬 김·채썬 오이 약간씩, 무순 10g, 통깨 1작은술, 들기름·참기름 1작은술씩

소스 : 물 5큰술, 간장 3큰술, 대파 1/2대, 마늘 1쪽, 양파 1/4개

■ 만드는 법

01 팬에 기름을 약간만 두르고 다진 김치, 다진 당근, 다진 양파를 볶는다.

02 냄비에 소스를 조린다.

03 뚝배기에 들기름·참기름을 두르고 밥 1/2공기와 소스 2/3큰술을 넣고 볶은 재료를 넣은 후 다진 단무지, 무순, 오이, 김, 날치알, 통깨를 올린다.

 Note **알밥을 맛있게 먹으려면**
뚝배기에 들기름과 참기름을 너무 많이 두르면 느끼할 수 있으므로 알맞게 넣어야 한다.

새송이버섯구이 손님 오신 날 특별한 대접으로 좋아요

재 료(4인분)
새송이버섯 6개, 다진 잣 1큰술, 식용유 적당량
양념장 : 간장 4큰술, 설탕 1큰술, 꿀 1큰술, 참기름 1큰술, 후추 약간

새송이 편으로 썰기

잣 다지기

■ 만드는 법

01 새송이는 도톰하게 편으로 썬다.
02 01을 양념장에 버무려 프라이팬에 식용유를 두르고 지진다.
03 접시에 담고 다진 잣을 뿌린다.

Note 잣을 다지는 요령은
잣을 다질 때 키친타월이나 기름종이를 깔면 잣에 있는 유분이 제거되어 더 고소한 맛을 느낄 수 있다.

INDEX 찾아보기

■ ㄱ
가지 불고기 ················ 67
간장 양념 ·················· 77
감자 양파 볶음 ············ 63
감자탕 ······················ 31
강된장 ···················· 129
겨 자 ························ 7
겨자장 ······················ 81
고등어 무조림 ············· 95
고추 기름 ··················· 27
구기자 ······················ 11
굴꼬치 튀김 ················ 99
굴소스 ······················· 7
그린 샐러드 ················ 75
기본 소스 및 향신료 ······ 7
기본 계량법 ················· 6
김치 볶음 양념 ············ 77
김치 고구마밥 ············· 77

■ ㄴ·ㄷ
냉 이 ························ 11
다시마 국물 ··············· 103
단촛물 ······················ 53
닭 육수 ············· 8, 83, 125
닭고기 수삼 냉채 ········· 23
닭날개 케첩 조림 ········· 33
닭 칼국수 ················· 125
도라지 ······················ 10
돼지고기·표고버섯 양념 ·· 85
돼지고기 갈비찜 ·········· 29
돼지고기 표고버섯 꼬치 · 27
두 릅 ························ 10
두반장 ······················· 7

두부 미역 냉채 ············ 53
두부 미역 된장국 ········ 103
두부 조림 ··················· 57

■ ㄹ·ㅁ
라면 볶기 ················· 117
마른새우 아욱국 ·········· 69
마파 두부 ··················· 59
매 실 ························ 10
머스터드 ····················· 7
메밀국수 ·················· 121
메이플시럽 ·················· 7
멸치·다시마 국물 ····· 69, 101
멸치·다시마·표고버섯 국물 · 9
모듬쌈 정식 ··············· 129
민들레 ······················ 10

■ ㅂ
바 질 ························ 83
밥을 맛있게 짓는 물의 분량 ·· 77
병어 조림 ················· 111
보 쌈 ························ 17
부추 된장 찌개 ············ 41
부추 잡채 ··················· 85
북어·마른새우·다시마 국물 · 9
북어국 ······················ 93
북어포 무침 ··············· 130
브로콜리 스프 ············· 83
비빔 냉면 ················· 123
비빔밥 ······················ 65

■ ㅅ
산수유 ······················ 11

삼계탕 ······················ 19
삼색 밀쌈 ··················· 81
새송이 버섯구이 ········· 133
새우 달걀탕 ················ 89
새우 표고버섯 탕수 ····· 105
소고기 육수 ·················· 8
소고기·표고버섯 양념 ···· 81
소고기 자장 볶음과 꽃빵 · 21
소고기 편채 ················ 25
수정과 ······················ 51
순대 볶음 ················· 128
스파게티 ·················· 119
시금치 무침 ················ 73
쌀콩떡 ······················ 37

■ ㅇ
알 밥 ······················ 132
약고추장 ··················· 65
약 식 ························ 43
영양 솥밥 ··················· 55
오징어 불고기 ············ 109
올리브 드레싱 ············· 75
올리브유 ····················· 7
와사비 ······················· 7
우거지 선지국 ············· 71
우스터 소스 ················· 7

■ ㅈ
장어 육수 ···················· 8
장어 구이 ················· 107
장어 소스 ················· 107
재첩국 ······················ 97
제비꽃 ······················ 11

조개 국물 ···················· 9
조개탕 ···················· 101
질경이 ······················ 10

■ ㅊ
참치액젓 ····················· 7
찹쌀가루 ··················· 25
청국장찌개 ················· 45
초고추장 ··················· 99
치 자 ························ 11
침전 녹말 ··················· 33

■ ㅋ
캐러멜시럽 ·················· 7
콩국수 ···················· 115
콩나물 미더덕찜 ·········· 91
콩다시마 조림 ············· 49
콩비지찌개 ················· 47

■ ㅌ
타바스코 ····················· 7
탕평채 ······················ 39
토마토케첩 ·················· 7
통오징어 간장조림 ······ 130

■ ㅍ·ㅎ
표고버섯 양념장 ·········· 27
함박스테이크 ·············· 15
해물 누룽지탕 ············· 79

궁합이 맞는 요리

2005년 1월 15일 1판1쇄
2008년 7월 15일 2판1쇄

저자 : 배태자
스타일링 : 고옥희
펴낸이 : 남상호

펴낸곳 : 도서출판 **예신**
www.yesin.co.kr

140-896 서울시 용산구 효창동 5-104
전화 : 704-4233, 팩스 : 715-3536
등록 : 제03-01365호(2002. 4. 18)

값 12,000원

ISBN : 978-89-5649-064-9

* 이 책에 실린 글이나 사진은 문서에 의한 출판사의
동의 없이 무단 전재·복제를 금합니다.

그릇협찬
취원당(翠園堂)

E-mail : yuldus@naver.com